Logisch! neu

AF197088

Deutsch für Jugendliche
Arbeitsbuch A2.1

von
Stefanie Dengler
Sarah Fleer
Paul Rusch
Cordula Schurig

Alles Digitale zu diesem Buch kann auf der Lernplattform **allango** von Ernst Klett Sprachen abgerufen werden. So geht's:

| QR-Code scannen oder **www.allango.net** aufrufen | Buchtitel oder ISBN in der Suche eingeben und auf das Buchcover klicken | Zum Inhalt navigieren, direkt abrufen oder speichern |

Ernst Klett Sprachen

Stuttgart

Von
Stefanie Dengler, Sarah Fleer, Paul Rusch und Cordula Schurig

Redaktion:
Bettina Melchers

Projektleitung:
Angela Kilimann

Gestaltungskonzept und Layout:
Andrea Pfeifer; Cover-Foto: iordani, shutterstock.com

Umschlaggestaltung:
Andrea Pfeifer

Zeichnungen:
Anette Kannenberg und Daniela Kohl (S. 28, 55, 81, 100, 101, 106, 107)

Satz und Litho:
Satz & mehr, Besigheim

Gutachter: Birgitta Fröhlich (Goethe-Institut Madrid), Dr. Ferrel Rose (Bowling Green High School, Kentucky).

Redaktion und Verlag bedanken sich bei der Staatlichen Realschule Vaterstetten und allen beteiligten Personen für ihr Engagement und ihre Mitwirkung bei den Fotoaufnahmen.

Informationen und zu diesem Titel passende Produkte finden Sie auf www.klett-sprachen.de/logisch-neu

Audios zum Arbeitsbuch:
Aufnahme und Schnitt: Heinz Graf/Christoph Tampe
Regie: Heinz Graf, Toni Nirschl und Angela Kilimann
Produktion: Tonstudio Graf, 82178 Puchheim/Plan 1, München
Sprecherinnen und Sprecher: Katja Brenner, Vincent Buccarello, Stephan Guera-Sotello, Jakob Gutbrod, Vanessa Jeker, Angela Kilimann, Jana Kilimann, Barbara Kretzschmar, Crock Krumbiegel, Sebastian Mann, Charlotte Mörtl, Sebastian Müller, Jakob Riedl, Leon Romano-Brandt, Anja Stadler, Peter Veit, Julia Wall, Ruth Althammer, Claudia Kaffka-Jutzi, Matteo Jutzi, Marco Diewald, Sofia Lainovic, Philip Lainovic, Christian Noaghiu, Katharina Müller

1. Auflage   1 ⁸ ⁷ ⁶ | 2026 25 24

© Ernst Klett Sprachen GmbH, Rotebühlstraße 77, 70178 Stuttgart, 2017

Druck und Bindung: Elanders Waiblingen GmbH

ISBN 978-3-12-**605214**-6

9 783126 052146

Logisch! neu A2.1 – Inhalt

Kolja   Nadja   Jannik   Pia   Plato   Paul   Robbie   Anton

Nach den Ferien

1 Meine Ferien

a Was machen die Personen? Schreib das richtige Verb.

1. Robbie und Paul machen das auf dem Wasser oder im Internet :-).
2. Pia und Plato wohnen in den Ferien in einem Zelt.
3. Kolja und Anton fahren in die Berge. Dann gehen sie lange zu Fuß.
4. Kinder machen das oft mit einem Ball. Aber auch viele Männer!
5. Nadja und Pia gehen in die Disco. Da hören sie Musik und …
6. Kolja und Paul stehen an einem See. Sie möchten einen Fisch essen.

	S	U	R	F	E	N	

Lösung: Sie machen _____.

b Was machen Mark, Carola und Diana gern? Und du? Schreib in dein Heft.

	Basketball spielen	tanzen	surfen	schwimmen	wandern
Mark	☺		☺ ☺ ☺	☺	☺ ☺
Carola	☺	☺ ☺ ☺		☺ ☺	
Diana		☺	☺ ☺	☺ ☺ ☺	
Ich	…?…	…?…	…?…	…?…	…?…

Mark spielt gern Basketball und schwimmt gern. Noch lieber wandert er und am liebsten surft er.

2 Ist das wahr?

a Wirklich? Wie geht der Satz weiter? Ordne zu.

1. Das glaube …
2. Das kann …
3. Das stimmt …
4. Das ist …
5. Vielleicht ist …

A wahr.
B nicht sein.
C das wahr.
D ich nicht.
E vielleicht.

b Wie heißt das Partizip Perfekt? Sortiere.

{t} (ge) {surf} {spiel} {t} (ge) {mach} (ge) {tanz} (ge) {t} (ge) (ge) {t}
{wander} {t} {t} {jogg}

1. wandern _gewandert_

2. spielen _____

3. machen _____

4. surfen _____

5. joggen _____

6. tanzen _____

3 Was habt ihr in den Ferien gemacht?

a Bring die Sätze in die richtige Reihenfolge.

1. gemacht / was / du / in den Ferien / hast / ?
   Was hast du in den Ferien gemacht?

2. gerettet / einen Wolf / habe / ich / .
   _____

3. gesegelt / allein / nach England / ich / bin / .
   _____

4. geangelt / ich / einen Fisch / habe / .
   _____

5. gerettet / du / wen / hast / ?
   _____

6. gecampt / ich / im Wald / habe / .
   _____

b Perfekt mit *haben* oder *sein*? Ergänze die richtige Form.

> ist • haben • bin • haben • ~~habe~~ • ist • habe • bin • haben

Mia erzählt: „In den Ferien _habe_ ich viel gemacht – es war toll! Ich war am Meer und _____ (1) jeden Vormittag gesegelt. Wir _____ (2) auf einem Campingplatz gecampt und am Abend _____ (3) wir oft gegrillt. Meine Freundin Mona war auch da – mit ihr _____ (4) ich nachmittags Tennis oder Volleyball gespielt und abends _____ (5) wir zusammen in der Disco getanzt. Mona _____ (6) am Vormittag meistens gesurft. Manchmal _____ (7) sie mit ihrer Familie gewandert, das macht sie sehr gern. Ich _____ (8) nicht gewandert, das finde ich langweilig."

c Wie war es? Sortiere und schreib die Gespräche richtig in dein Heft.

1

- [ ] Doch! Meine Oma hat einen großen Garten und wir grillen oft.
- [ ] Echt? Bei meiner Oma ist es immer super.
- [1] Hey Bea, was hast du am Sonntag gemacht?
- [ ] Ach, das ist ja toll!
- [2] Ich war bei meiner Oma. Das war total langweilig!
- [ ] Wirklich? Das glaube ich nicht!

2

- [ ] Das ist nicht wahr. „Nichts machen" kann man doch nicht!
- [1] Gestern bin ich gewandert – fünf Stunden!
- [ ] Nein, es hat Spaß gemacht. Und du, hast du auch Sport gemacht?
- [ ] Oh, das ist ja blöd.
- [ ] Nein, ich war zu Hause – und habe fünf Stunden nichts gemacht.

Gespräch 1
● _Hey Bea, was hast du am Sonntag gemacht?_
○ _Ich war bei meiner Oma. Das war total langweilig!_
...

▶ d Hör zur Kontrolle.
1.1

1

4 Gerettet!

a Was gehört zusammen? Ordne zu.

Hilfe — gemacht
ein Weinen — gesucht
im Wald — geholt
eine halbe Stunde — gewandert
Ferien — gehört

1. Ferien _gemacht_
2. im Wald _____
3. ein Weinen _____
4. eine halbe Stunde _____
5. Hilfe _____

b Was fehlt? Schreib in die Lücken.

Schüler • Abendessen • alt • gebraucht • gehört • gemacht • Stunde • Wald • war • Wolf

Der ___Schüler___ Tom K., 14 Jahre _____, hat Ferien in Mecklenburg _____.

Am Samstag nach dem _____ ist Tom allein im _____ gewandert und hat

ein Weinen _____. Er hat eine halbe _____ gesucht. Und … was für ein Schreck:

Ein junger _____ war schwer verletzt in einer Falle. Das Tierkind _____ schon

schwach und hat Hilfe _____. Tom hat mit seinem Handy Hilfe geholt.

c Alles falsch! Korrigiere die Sätze.

1. Tom hat ~~gemacht~~ Ferien in Mecklenburg.
2. Er ~~gewandert~~ im Wald ~~ist~~.
3. Tom ~~ein Weinen hat~~ gehört.
4. Er hat ~~gesucht~~ eine halbe Stunde.
5. Der Wolf ~~Angst hatte~~.
6. Tom ~~mit seinem Handy geholt die Feuerwehr hat~~.

1. _Tom hat Ferien in Mecklenburg gemacht_
2. _____
3. _____
4. _____
5. _____
6. _____

d Wie heißen die Formen? Ergänze die Tabelle.

hatte • hatte • hatten • hatten • waren • warst • wart • war

	ich	du	er/es/sie	wir	ihr	sie/Sie
sein			war			waren
haben		hattest			hattet	

e Wie heißen die Wörter richtig?

1. DENNOR _____
2. NEDÜS _____
3. STENEW _____
4. STENO _____

Norden
Westen — Osten
Süden

5 Antons Ferien

Was haben Anna und Anton gestern gemacht? Schreib Sätze. Der Kasten hilft.

Anna

9 Uhr	mit Marie lernen
13 Uhr	zu Hause sein
14–15 Uhr	putzen bei Oma
16–18 Uhr	Tennis spielen

Anton

10–11 Uhr	mit Bällen üben
12–13 Uhr	in der Pizzeria sein!
14–16 Uhr	Akrobatik machen
17–18 Uhr	Ordnung machen

nach dem Frühstück • am Vormittag • am Mittag • am Nachmittag • vor dem Abendessen

1. Nach dem Frühstück hat Anna mit Marie gelernt.

6 Feriengrüße

a Was hat Anton in den Ferien gemacht? Richtig oder falsch? Kreuze an. Antons Brief im Kursbuch hilft.

	richtig	falsch
1. Anton hat in den Ferien Fußball gespielt.	☐	☒
2. Anton hat für die Schule gelernt.	☐	☐
3. Er hatte viel Spaß.	☐	☐
4. Er hat mit der Gruppe eine Pyramide gebaut.	☐	☐
5. Er hat mit Oma Karneval gefeiert.	☐	☐

b Antons Oma schreibt Anton zurück. Ergänze die Lücken.

Lieber • findet • kannst • Kronenstr. 77 • hattest • Viele Grüße • den • vielen Dank • besuche

Köln, _____ 15.11.

_____ Anton,

_____ für dein Geschenk – das kann ich im Karneval gut brauchen. Opa _____ es auch toll! Du _____ ja viel Spaß im Zirkuscamp – deine Zaubertricks _____ du mir bald zeigen. Ich _____ euch wahrscheinlich Anfang Dezember.

_____

Deine Oma

Marie Funke
Jeckenstr. 11
40111 Köln

Anton Kern

_____

54321 Glücksdorf

7 Betonung im Satz

a Hör und sprich nach.

1.2

1. Anton war in einem **Zirkuscamp**.

2. Anton war **in den Ferien** in einem Zirkuscamp.

3. **Anton** war in einem Zirkuscamp.

b Hör und markiere: Wo ist der Satz betont?

1.3

1. Wer hat einen Wolf gerettet? Tom hat einen Wolf gerettet.

2. Wen hat Tom gerettet? Tom hat einen Wolf gerettet.

3. Wer hat Oma eine Karte geschickt? Anton hat Oma eine Karte geschickt.

4. Was hat Anton geschickt? Anton hat eine Karte geschickt.

5. Wem hat Anton eine Karte geschickt? Anton hat Oma eine Karte geschickt.

c Hör noch einmal und sprich nach.

8 Souvenirs, Souvenirs!

a Lies die Beschreibung. Welches Souvenir passt? Wähle aus.

die Schokolade

das Brandenburger Tor

die Muscheln

1
Petras Souvenirs sind aus Spanien. Ihre Oma war dort am Meer. Sie hat sie Petra geschenkt. Sie sind sehr schön.

_____

2
Sabines Souvenir ist aus Österreich. Ihre Freundin hat es gekauft. Es schmeckt süß.

_____

3
Christians Souvenir ist aus Berlin. Eine Tante hat es geschickt.

_____

 b Im Radio hörst du zwei Texte zu einem Ferienprogramm. Kreuze die vier richtigen Antworten an.

1.4

Ferienprogramm

☐ Zirkus	☐ Kino	☐ Volleyball	☐ Tanzen
☐ Camping	☐ Museum	☐ Fußball	☐ Schwimmen

Wörter – Wörter – Wörter

9 Freizeitaktivitäten

a Welches Wort passt nicht? Streich durch.

1. machen: Ferien, Hausaufgaben, ~~Hilfe~~, Essen, Ordnung
2. spielen: Gitarre, Sport, Tennis, Karten, Computerspiele
3. wandern: im Wald, am Strand, in den Bergen, im Wildpark, im See

b Erkennst du die Wörter? Jede Nummer steht für einen Buchstaben. Was ist das Lösungswort?

1. L A 6 G W 5 7 L 7 G _____
2. 4 2 LL 5 Y B A L L _ *V* _____
3. G 8 7 LL 5 6 _____

4. F 5 8 7 5 6 _____
5. Z 7 8 K 3 1 _____
6. H 7 L F 5 _____

Lösung:

1	2	3	4 *V*	5	6	7	8

10 Perfekt-Quiz

Findest du alle neun Perfektformen? Schreib je einen Satz.

G	E	S	E	G	E	L	T	R	A
A	B	E	G	E	T	A	N	Z	T
U	G	**G**	**E**	**S**	**A**	**G**	**T**	G	G
G	E	K	A	U	F	T	G	E	E
E	J	Z	Ü	R	G	E	S	T	C
H	O	L	T	F	Ö	G	E	R	A
O	G	E	S	T	E	R	N	Ä	M
L	G	E	M	A	C	H	T	N	P
T	T	G	E	S	U	N	D	K	T

1. *gesagt: Er hat nichts gesagt.* _____
2. _____
3. _____
4. _____
5. _____
6. _____
7. _____
8. _____
9. _____

11 Mein Tagesablauf

Wann passiert das?

1. *am Nachmittag* 2. _____ 3. _____ 4. _____

> nach dem Frühstück • am Vormittag • am Mittag • ~~am Nachmittag~~

12 Meine Wörter

Welche Wörter, Ausdrücke oder Sätze sind für dich wichtig? Schreib auf.

_____

2 In der Schule

1 Janniks erster Schultag

a Was gehört zusammen? Notiere die Wortpaare.

| sehen | essen | gehen | machen | schenken | bringen |

| spielen | sprechen | treffen | gesehen | gegessen | gegangen |

| gebracht | gesprochen | gespielt | geschenkt | getroffen | gemacht |

sehen – gesehen _____   _____   _____

_____   _____   _____

_____   _____   _____

b Was hat Nadja am ersten Schultag gemacht? Schreib Sätze.

1. zur Schule gehen

2. ihre Freundinnen sehen

3. mit Pia sprechen

4. Schulsachen kaufen

5. ein Eis essen

6. ein Buch suchen

1. _Nadja ist zur Schule gegangen._   4. _____

2. _Sie hat_ _____   5. _____

3. _____   6. _____

2 Wisst ihr das noch?

Aus dem Tagebuch von Natascha. Ergänze den Text.

Ferienende – es ge<u>ht</u> wieder los. Heute ha___ ich Miki wieder getro_____. Und nach der Schu___

haben wir ein Eis ___gessen. Das war supertoll. Jet____ sehe ich Miki wieder jeden T_____.

Da kann ich sogar d___ Schule vergessen.

Aber es tut weh, al_____ haben von ihren Fe_____ gesprochen, alle waren weg, i___ Italien,

Spanien oder Griechenland. Nur i___ nicht. Mutter sagt, das i_____ zu teuer. Sie hat ni_____

genug Geld. Ich möchte au_____ einmal nach Griechenland flie_____.

Miki war total n_____, er hat nicht von Spanien ___redet.

3 Das war ein Tag!

Was war los in der Schule? Schreib die richtige Form in die Lücken.

1. Heute ist in der Klasse viel _passiert_ (passieren). 2. Der Lehrer

hat den Computer _____ (reparieren). 3. Die Schüler haben

Quatsch _____ (machen). 4. Ines hat lange _____

(telefonieren). 5. Max hat in der Stunde _____ (trainieren).

6. Julia hat heute Geburtstag. Es hat Torte _____ (geben).

7. Alle haben Julia _____ (gratulieren).

4 Die Schule hat wieder begonnen.

Nach den Ferien. Du hörst ein Gespräch. Du hörst den Text einmal. Was haben die Freunde von Simon und Anna gemacht? Wähle für die Aufgaben 1–5 ein passendes Bild aus A bis I. Wähle jedes Bild nur einmal. Sieh dir jetzt die Bilder an.

1.5

	Beispiel	1	2	3	4	5
Person	Anna	Erik	Jana	Mehmet	Inga	Jonas
Lösung	g					

5 Langes e, kurzes e und schwaches e

a Schreib e, ee oder eh. Wo ist das e lang? Markiere.

Der L____rer in Mathe ist s____r n____tt. In G____ografie haben wir einen F____rnseh-Film über

die Nords____ ges____en. In der ____rsten Stunde l____rnen wir ____nglisch.

b Lies die Sätze in 5a halblaut. Hör dann zur Kontrolle und sprich mit.

1.6

c Schwaches e bei ge- und -e. Markiere. Hör dann und sprich mit.

1.7

In den Ferien habe ich viele Freunde kennengelernt. Ich habe mit ihnen nicht über die Schule geredet. In der Schule lernen wir jetzt eine neue Sprache.

6 Projekttage in der Schule

1.8

a Was möchten Petra und Andreas wissen? Hör das Gespräch und kreuze an.

Ludwig-Thoma-Schule Bernbach – Projekttage

In der Woche vor den Ferien machen wir am 15. und 16. Juli wieder Projekte.
Jeder Schüler / Jede Schülerin nimmt pro Tag an einem Programm teil.
Am **17. Juli** gibt es um 9.00 Uhr die **Zeugnisse**.

Das möchte Petra wissen:

1. ☐ Brauchen wir unsere Fahrräder?

2. ☐ Was müssen wir anziehen?

3. ☐ Wie weit fahren wir mit Jan Dobel?

4. ☐ Wie lange fahren wir Rad?

Das möchte Andreas wissen:

5. ☐ Machen wir da selbst Musik?

6. ☐ Wie lange dauert das Projekt?

7. ☐ Wie kann man selbst Instrumente machen?

8. ☐ Wie viele Instrumente spielen Sie, Herr Fischer?

b Keine Lust auf Projekttage? Ergänze das Gespräch. Der Kasten hilft.

am Mittwoch • blöd • finde • fragen • gefällt • gehe • hatten • lieber • Lust • mag • spielt • suchen

● Was machst du _am Mittwoch_ (1)?

○ Ich habe keine _____ (2) auf Projekttage. Ich will keine Tiere _____ (3) und

fotografieren. Das finde ich _____ (4). Oder hier: Welche Berufe _____ (5)

die Leute früher? Da müssen wir alte Leute _____ (6) und viel reden. Das mag ich nicht.

● Das Sportprogramm ist gut, das _____ (7) ich klasse. Kommst du auch mit?

○ Ich weiß nicht. Ich _____ (8) lieber zu Herrn Fischer. Der ist echt gut, der Typ ist

cool. Er _____ (9) sogar selbst in einer Band. Und Musik _____ (10)

ich total gern.

● Musik mag ich ja auch, aber Instrumente selbst machen _____ (11) mir nicht.

Das finde ich langweilig. Ich mache _____ (12) Sport.

c Was mögen Petra und Andreas? Verbinde die Sätze.

Andreas
1. Ich spiele Klavier, …
2. Ich mag Musik total gern, …
3. Helene Fischer finde ich blöd, …

A … Gitarrenmusik gefällt mir besonders gut.
B … ich mag die Schulband viel lieber.
C … aber Gitarre ist mein Lieblingsinstrument.

Petra
4. Fußball ist toll, …
5. Ich mache gern Sport, …
6. Zu Hause sein ist langweilig, …

D … das mag ich nicht.
E … aber Tennis spiele ich lieber!
F … nur Akrobatik finde ich blöd.

7 Projekt: Unser Programm

Was war dein Lieblingsprojekt? Was hast du gemacht? Schreib in dein Heft.

8 Zwei Projektgruppen berichten

(P) **Petra schickt ihrer Freundin Elisa eine E-Mail. Wähle für die Aufgaben 1–5 die richtige Lösung Ⓐ, Ⓑ oder Ⓒ.**

Hallo Elisa,
Wie sind deine Ferien? Wir haben in der letzten Schulwoche Projekttage gemacht. Und weißt du was? Ich war mit Jan Dobel Rad fahren. Wirklich! Er hat uns viele Tipps gegeben. Und er hat gesagt, er fährt mit uns ganz langsam. Langsam? Das war für uns gar nicht langsam! Für uns war das sehr, sehr schnell. Es hat aber Spaß gemacht, Fotos kommen noch.
Am Donnerstag haben wir Brezeln gebacken. Das ist gar nicht so leicht. Sie waren nicht so schön, aber lecker. Ich habe drei Stück gegessen! Wir waren bei einem alten Bäcker, und er hat ganz viel über Brot gesprochen. Johann, so heißt der Bäcker, ist schon fast 80 Jahre alt. Er arbeitet immer noch in der Bäckerei von seinem Sohn. Sein Schwarzbrot ist am besten, sagt der Sohn. Aber mir hat es nicht gut geschmeckt. Das Zeugnis ist – na ja. Ich finde die Noten nicht schlecht, aber Mama und Papa waren nicht glücklich. „Du hast zu wenig gelernt", sagen sie. Aber das stimmt nicht. Die Prüfungen waren zu schwer. Ich finde meine Noten sind ziemlich OK! Kommst du in den Ferien ein paar Tage zu mir? Überleg's dir mal.
Bis bald
Petra

1. Was sagt Petra zum Radfahren mit Jan Dobel?

  Ⓐ Das Radfahren war nicht schön, es war zu schnell.

  Ⓑ Jan Dobel hat Petra ein Foto gegeben.

  Ⓒ Die Schüler denken, sie sind sehr schnell Rad gefahren.

2. Was sagt Petra zum Projekttag mit dem Bäcker Johann?

  Ⓐ Johann war 80 Jahre lang Bäcker.

  Ⓑ Das Schwarzbrot von Johann findet sie nicht gut.

  Ⓒ Die Brezeln von den Schülern haben nicht geschmeckt.

3. Was sagt Petra zum Zeugnis?

  Ⓐ Petra findet ihr Zeugnis ziemlich gut.

  Ⓑ Die Eltern haben oft mit Petra gelernt.

  Ⓒ Petra ist glücklich über das Zeugnis.

9 Umfrage in der Klasse: Unsere Schule

a Fragen zur Schule. Ergänze welchen, welches oder welche.

1. _Welche_ Lehrerin hast du in Mathe? 2. _____ Fach magst du nicht gern? 3. _____ Buch liest du gerade? 4. _____ Note hast du in Biologie? 5. _____ Lehrer magst du? Herrn Mai? 6. _____ Fächer findest du gut? 7. _____ Projekte habt ihr gemacht?

b Ergänze die Tabelle.

	Nominativ		Akkusativ	
der Tag	_Welcher_	Tag ist heute?	_____	Tag magst du nicht?
das Fach	_____	Fach ist das?	_____	Fach hast du jetzt?
die Sprache	_____	Sprache ist das?	_____	Sprache lernst du?
die Noten	_____	Noten sind gut?	_____	Noten hast du im Zeugnis?

 c Schreibe die Tabelle aus 9b in deiner Sprache ins Heft.

10 Viel zu laut!

a Was passt zusammen? Ordne zu.

1. Am Donnerstag haben wir Deutsch. _D_
2. Morgen habt ihr zwei Stunden Mathematik. ____
3. Kann ich bitte dein Mathe-Heft haben? ____
4. Hast du mein Handy gesehen? ____
5. Wo ist meine Tasche? Hast du sie gesehen? ____

A Was möchtest du? Mathe?
B Ach! Du suchst deine Tasche.
C Bitte? Was suchst du?
D Können Sie das bitte wiederholen?
   Was ist am Donnerstag?
E Entschuldigung! Was haben Sie gesagt?
   Was ist morgen?

b In der Klasse: *mein, dein, sein* … Ergänze die richtigen Formen.

SKDJF**MEINETASCHE**DKSLFBVCIHRESCHUHEASDFJKLÖDEINENLEHRERTÖDPER
IHREBRILLEBNMDFGADEINELEHRERINSKRSKEUREBÜCHERFGHJUIIHRHEFTHGQW
ETZSEINKLASSENZIMMERVCIHREHAUSAUFGABENPOIUZÖLKIHRSCHLÜSSELMNB

1. Hallo, ich suche __meine__ Tasche! Hast du sie gesehen?
2. Suchst du _____ Lehrer? Dort steht er, auf dem Schulhof. Und ich sehe auch _____ Lehrerin. Hallo, Frau Morfeld!
3. Max sucht _____ Klassenzimmer. Wo ist Raum 204?
4. Frau Morfeld, ich habe _____ Brille gefunden! Und ist das _____ Schlüssel?
5. Tina findet _____ Schuhe nicht mehr! Hat sie jemand gesehen?
6. Holt bitte _____ Bücher raus. Macht sie bitte auf, Seite 42!
7. Die Schüler machen _____ Hausaufgaben. Sie schreiben in _____ Heft.

11 Wie bitte?

Alle bekommen ihre Sachen! Ergänze.

1. Ich suche …
   __meinen__ Schlüssel.
   _____ Heft.
   _____ Tasche.
   __meine__ Schuhe.

2. Du findest …
   _____ Schlüssel.
   _____ Heft.
   __deine__ Tasche.
   _____ Schuhe.

3. Max sucht …
   _____ Schlüssel.
   _____ Heft.
   _____ Tasche.
   __seine__ Schuhe.

4. Tina findet …
   _____ Schlüssel.
   _____ Heft.
   __ihre__ Tasche.
   _____ Schuhe.

5. Ihr findet …
   _____ Schlüssel.
   _____ Heft.
   _____ Tasche.
   __eure__ Schuhe.

6. Frau Müller, sehen Sie …
   _____ Schlüssel?
   __ihr__ Heft?
   _____ Tasche?
   _____ Schuhe?

Wörter – Wörter – Wörter

12 Über die Schule sprechen

Was passt zu welchem Fach? Ordne zu. Manche Ausdrücke passen mehr als einmal.

Ball spielen • laufen • die Farbe • die Figur • ein Instrument spielen • eine CD hören
eine Geschichte lesen • einen Text schreiben • etwas vorspielen • Fotos machen
ein Bild malen • mit dem Partner sprechen • Musik machen • Rad fahren • ein Lied singen
tanzen • trainieren • ~~Wörter wiederholen~~

Deutsch	Sport	Kunst	Musik
Wörter wiederholen,			

13 Vorlieben ausdrücken

Welcher Ausdruck passt nicht? Streich ihn durch.

1. Das gefällt mir gut. – Das finde ich klasse. – ~~Es geht~~. – Das mag ich gern.
2. Das mag ich nicht. – Das mache ich gern. – Das gefällt mir nicht. – Das finde ich blöd.
3. Das finde ich spitze. – Das ist echt super. – Ich weiß nicht. – Das ist toll.
4. Das schmeckt toll. – Das ist nicht gut. – Das liebe ich. – Das ist echt gut.

14 Die Schule – ein Rätsel

Ergänze die Wörter. Wie heißt das Lösungswort?

Das mögen alle Schüler sehr gern. Dann haben sie frei.   F E R I E N

In meiner Schule ist von 10.35 bis 10.50 Uhr …

Das mache ich gern in der Schule, das sind meine Lieblings…

Heute sind wir nicht in der Klasse, wir machen …

Frau Müller sieht nicht so gut, sie braucht eine …

Nach der Schule muss ich immer die … machen

Mit dem … kann ich immer telefonieren, nur in der Schule nicht.

Das Lösungswort heißt _____ .

15 Meine Wörter

Welche Wörter, Ausdrücke oder Sätze sind für dich wichtig? Schreib auf.

_____

3 Freunde und Freizeit

1 Probleme

a Erinnerst du dich an die Probleme von den Jugendlichen im Kursbuch? Was passt nicht? Streich durch und korrigiere. Aufgabe 1c im Kursbuch hilft.

1. immer viele Fehler im Diktat machen – eine schlechte Note bekommen – zu ~~viel~~ *wenig* gelernt haben – Ärger mit den Eltern haben

2. die Zeit vergessen haben – zu spät nach Hause kommen – die Eltern glücklich sein – sofort ins Bett gehen müssen

3. der neue Film im Kino kommen – Kinokarten kaufen wollen – zu wenig Taschengeld bekommen – die Karten bezahlen können

4. verliebt sein – das Mädchen ihn toll finden – nicht mit dem Mädchen sprechen – der Junge deprimiert sein

b Beschreib die Situationen aus 1a. Schreib in dein Heft.

> 1. Marina macht immer viele Fehler im Diktat und sie hat eine schlechte Note bekommen. ...
> 2. Das Mädchen hat die Zeit vergessen. Sie kommt ...
> 3. Der neue Film kommt im Kino. Tanja und Marco wollen ...
> 4. Basti ist verliebt. Aber das Mädchen ...

2 So ein Ärger!

a Ordne den Dialog.

- [ ] ○ Du hast ja bald Geburtstag. Dann schenke ich dir den Film auf DVD.
- [ ] ● Aber jetzt kommt mein Lieblingsfilm.
- [1] ● Kann ich noch ein bisschen fernsehen, Mama? Bitte!
- [ ] ● Doofe Schule.
- [ ] ○ Du musst den Film ein anderes Mal ansehen. Morgen ist Schule.
- [ ] ○ Nein, du musst jetzt ins Bett.

b Hör zur Kontrolle.

1.9

3 Nadjas Problem

a So kann man es auch sagen. Wie steht das im Beitrag von Nadja? Lies noch einmal im Kursbuch und ergänze.

1. Ich habe Schwierigkeiten mit meiner Freundin.   *Ich habe Probleme mit meiner Freundin.*

2. Sie mag meinen Freund nicht. _____

3. Er denkt nur an sich selbst. _____

4. Ich will etwas mit beiden zusammen machen. _____

5. Was kann ich machen? _____

b Sprecht zu zweit über das Thema Freundschaft. Partner A stellt zwei Fragen mit den Fragewörtern. Partner B antwortet. Tauscht dann die Rollen.

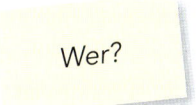 Wer?

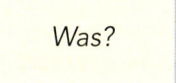 Was?

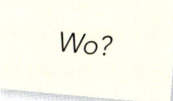 Wo?

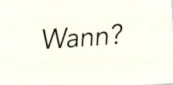 Wann?

4 Gute Ratschläge

a Welcher Tipp passt? Ordne zu.

1. Ich habe Schwierigkeiten mit allen Lehrern in meiner Schule.
2. Meine Hausaufgaben sind immer zu schwierig.
3. Ich habe seit zwei Wochen Streit mit einem Freund.

4. Meine Freunde haben nie Zeit für mich!
5. Meine Freundin hat keinen Freund. Sie ist sehr traurig.
6. Ich komme oft zu spät nach Hause. Meine Eltern sind dann besorgt.

A Ich würde mit ihm über das Problem sprechen.
B Ich würde sie mit dem Handy anrufen. Dann wissen sie, wo du bist.
C Ich würde viel mit ihr in der Freizeit zusammen machen. Vielleicht lernt sie einen netten Jungen kennen.
D Ich würde nett zu den Lehrern sein.
E Ich würde neue Freunde suchen.

F Du brauchst Hilfe beim Lernen. Ich würde mit den Lehrern sprechen.

b Schreib die Sätze richtig.

1. würde / sprechen / Ich / über das Problem / .
   Ich würde über das Problem sprechen.

2. Ich / mit anderen Freunden / etwas / würde / machen / .

3. eine CD / Ich / ihr / schenken / würde / .

4. machen / einen Mädchentag / würde / Ich / .

5. mit dem schönen Mädchen / sprechen / Ich / würde / .

c Was würdest du tun? Ergänze.

1. Ich habe kein Smartphone.   *Ich würde meine Eltern fragen.*

2. Meine Freundin spricht nicht mehr mit mir.   *Ich würde …*

3. Ich bekomme zu wenig Taschengeld.   *Ich …*

4. Mein Freund zieht in eine andere Stadt um.   *Ich …*

5 Mädchentag

a Schreib die Verben im Präsens.

1. angefangen   _anfangen_
2. abgeholt   _____
3. angerufen   _____
4. aufgeräumt   _____
5. ausgestiegen   _____
6. bekommen   _____
7. besucht   _____
8. eingeladen   _____

9. entschuldigt   _____
10. erzählt   _____
11. gefallen   _____
12. gewonnen   _____
13. mitgebracht   _____
14. mitgenommen   _____
15. verabredet   _____
16. versprochen   _____

b Welche Verben in 5a sind trennbar? Markiere.

c Untrennbare Verben – aber so ein Chaos! Wie heißt das Partizip?

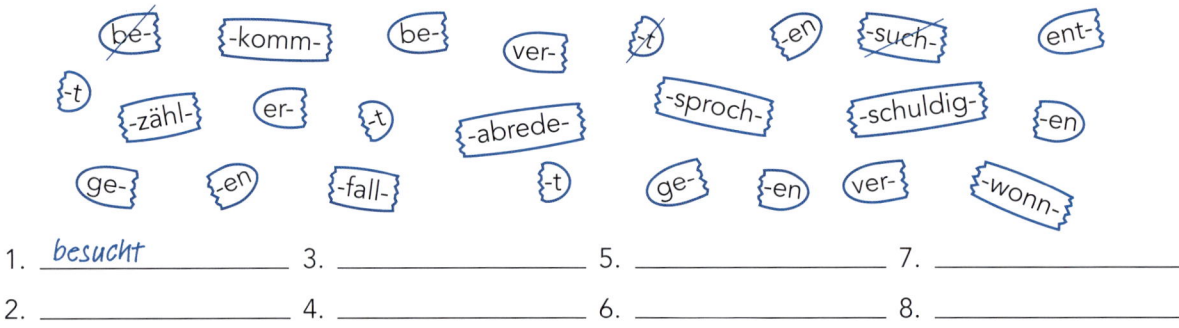

1. _besucht_   3. _____   5. _____   7. _____
2. _____   4. _____   6. _____   8. _____

d Ergänze die richtigen Verben im Perfekt. Die Liste in 5a hilft.

mitnehmen • gefallen • mitbringen • einladen • anrufen • erzählen • besuchen • bekommen

Gestern habe ich zwei Freundinnen, Marie und Luisa, zu mir nach Hause _mitgenommen_ . Sie

haben einen Kuchen _____ (1) und wir haben die ganze Zeit viel _____ (2).

Dann hat Mirko auf dem Handy _____ (3) und ich habe ihn auch _____ (4).

Er hat uns mit zwei Freunden, Lukas und Martin, _____ (5). Ich habe auch noch

von meiner Nachbarin Besuch _____ (6) und plötzlich war es eine richtige Party!

Mir hat der Tag gut _____ (7).

6 Wortakzent bei Verben

a Was ist betont? Unterstreiche. Hör dann zur Kontrolle.

1.10

<u>ab</u>holen – anfangen – aufstehen – aussteigen – beschreiben – einladen – entschuldigen –

erklären – gewinnen – mitbringen – vergessen – verstehen

b Hör noch einmal und sprich nach.

7 Jungentag?

a Hör noch einmal das Gespräch aus dem Kursbuch. Was ist typisch für Linus? Kreuze an.

1.11

1. Ⓐ Linus mag jeden Sport.   ☒ Linus schwitzt beim Basketball.
2. Ⓐ Linus geht nicht auf die Straße, wenn es regnet. Ⓑ Linus liebt den Regen.
3. Ⓐ Linus tanzt nicht gut.   Ⓑ Linus tanzt super.
4. Ⓐ Linus geht immer gern ins Kino.   Ⓑ Linus hat keine Lust auf Kino.
5. Ⓐ Linus hat viele Freunde.   Ⓑ Linus hat keine Freunde.

b Welche Sätze passen zusammen? Ordne zu.

1. Ich rufe den Arzt an.   A Sie ist müde.
2. Er bekommt ein großes Geschenk.   B Du bist krank.
3. Wir gehen im Park spazieren.   C Die Sonne scheint.
4. Wir bleiben zu Hause und hören Musik.   D Du hast Hunger.
5. Du musst etwas essen.   E Er hat Geburtstag.
6. Sie muss ins Bett gehen.   F Es regnet den ganzen Tag.

c Verbinde die Sätze aus 7b mit *wenn*. Achte auf das Verb im *wenn*-Satz.

1. *Ich rufe den Arzt an, wenn du krank bist.* _____

2. _____

3. _____

4. _____

5. _____

6. _____

d Schreib die Sätze aus 7c in deiner Sprache ins Heft.

8 Wenn ...

Wann machst du das? Ergänze die Sätze.

1. Ich schwitze, wenn _____

2. Ich gehe ins Kino, wenn _____

3. Ich bringe dir einen Kuchen mit, wenn _____

4. Ich besuche dich, wenn _____

5. Ich gehe traurig nach Hause, wenn _____

9 Verabredungen

a Wie fragt man bei einer Verabredung? Kreuze an.

[X] Kommst du morgen mit ins Kino?   [ ] Schwitzt du beim Sport?

[ ] Hast du morgen Zeit?   [ ] Was machst du morgen um 12 Uhr?

[ ] Wie geht's dir?   [ ] Wo ist der Flohmarkt?

[ ] Willst du mit mir ins Aquarium gehen?   [ ] Wie viel kostet die Kinokarte?

b Kommst du mit? Mach eine Tabelle im Heft. Ordne die Sätze richtig ein.

Tut mir leid. Ich habe keine Lust. • ~~Tolle Idee!~~ • Ich weiß es noch nicht. • Nein, ich habe keine Zeit. • Einverstanden! Bis dann. • Schade, das ist zu früh. • ~~Ich kann leider nicht mitkommen.~~ • Vielleicht. • Oh ja, super! • Ich bin schon verabredet. • Ja, gern. Wann?

☺	☺	☹
Tolle Idee!		Ich kann leider nicht kommen.

c Wo oder wohin? Wie muss es heißen? Kreuze an.

1. Das Theater beginnt um 18 Uhr. Treffen wir uns   [ ] ins   [X] im   Theater?

2. Kommst du morgen mit   [ ] in die   [ ] in der   Disco?

3. Wir treffen uns am Freitag   [ ] ins   [ ] im   Kino. Kommst du mit?

4. Bist du morgen   [ ] zur   [ ] in der   Sporthalle?

5. Willst du mit mir   [ ] zum   [ ] auf dem   Flohmarkt gehen?

10 Tom ist unterwegs.

Ⓟ **Du hörst drei Verabredungen. Zu jeder Verabredung gibt es drei Bilder. Kreuze das richtige Bild an.**

▶ 1.12

1. [A]   [B]   [C]

2. [A]   [B]   [C]

3. [A] Jugendzentrum   [B] Jugendzentrum   [C] Jugendzentrum

Wörter – Wörter – Wörter

11 Orte in der Stadt

Wo kann man sich treffen? Löse das Rätsel.

1. Hier kann man tanzen. Die Musik ist laut.
2. Einen neuen Film sieht man im … .
3. Hier kommen viele Züge an.
4. Frisches Obst und Gemüse gibt es auf dem … .
5. Hier kann man Ball spielen, wenn es regnet.
6. Es ist wie ein Kino, aber man sieht keinen Film.
7. Hier kann man alte Dinge, Möbel und Kleidung kaufen.
8. Hier schwimmen viele Fische.

12 Aktiv in der Stadt

Welche Wörter findest du in den Schlangen? Eins passt nicht: welches? Streich durch.

Disco: BEZUVERHTANZENROBULDJFRUSATRINKENKLASTOPESSENGRATUKLA
Straßenfest: WICKUSTRASSERUPÖLHALTESTELLEIKCKONZERTPLIFLOHMARKT
Kino: GRAMSFRÜHSTÜCKLAPERIAMKARTEHUSULOFILMWEAFLODUNKELMONS
Aquarium: FAMULERFISCHECHOAREWASSERFLÄRBEHUNDEKÄSUFÜTTERNRA
Sporthalle: ZUHALSSCHMERZENMABASKETBALLRETURNSCHUHEMISCHWITZEN

13 Eine Idee …?

Welches Wort passt: *haben*, *sein*, *machen*? Ordne zu.

viel zusammen
einen Mädchentag
etwas mit Freunden
keinen Spaß
_____

eine Idee
keine Lust
Probleme
Angst
_____

besorgt
verliebt
deprimiert
egoistisch
_____

14 Fragen über Fragen

Was fragt der Vater den Sohn? Schreib sechs Sätze in dein Heft.

Hast du ….?

Mama
Onkel Guido
eine gute Note
dein Zimmer
deine Schwester
Oma

aufgeräumt
abgeholt
bekommen besucht
eingeladen
angerufen

Hast du Onkel Guido eingeladen?
Hast du Oma …?

15 Meine Wörter

Welche Wörter, Ausdrücke oder Sätze sind für dich wichtig? Schreib auf.

4 Erklär mal!

1 Warum bist du zu spät?

Was ist passiert? Schreib immer zwei Sätze in der Vergangenheit.

1. (Pia – mit dem Bus – fahren / Sie – im Bus – schlafen)
   Pia ist mit dem Bus gefahren. Sie hat im Bus geschlafen.

2. (Herr Müller – zu Fuß – gehen / Das Auto – einen Platten – haben)
   _____

3. (Nadja – auf die U-Bahn – warten / Die U-Bahn – zu spät – sein)
   _____

4. (Jannik und Max – den Bus – nicht nehmen / Sie – kein Geld – haben)
   _____

2 Entschuldigung, ich …

Ⓟ **Du hörst vier kurze Texte. Du hörst jeden Text zweimal. Wähle für die Aufgaben 1 bis 4 die richtige Lösung a, b oder c.**

1.13

1. Warum kommt Lena zu spät?

   Ⓐ Der Bus hat nicht auf sie gewartet.

   Ⓑ Sie ist mit dem Bus gefahren, aber der Bus hatte Verspätung.

   Ⓒ Der Bus hatte Verspätung, deshalb ist sie gelaufen.

2. Was ist Niko am Montag passiert?

   Ⓐ Er hat sein Geld verloren.

   Ⓑ Der Bus ist zu spät gekommen.

   Ⓒ Sein Fahrrad war kaputt und er musste laufen.

3. Warum fährt das Mädchen mit dem Fahrrad zur Schule?

   Ⓐ In der U-Bahn sind zu viele Leute und der Bus hat oft Verspätung.

   Ⓑ Es gibt keinen Bus und keine U-Bahn.

   Ⓒ Mit dem Fahrrad ist sie sehr schnell.

4. Was müssen die Leute an der U-Bahn-haltestelle tun? Sie müssen …

   Ⓐ 20 Minuten warten oder den Bus nehmen.

   Ⓑ 30 Minuten warten oder zu Fuß gehen.

   Ⓒ die U-Bahn Richtung Bahnhof nehmen.

3 Nichts als Ausreden!

a Was passt zusammen? Ordne zu.

1. Ich war so müde.
2. Meine Schuhe waren weg.
3. Ich hatte kein Geld für den Bus.
4. Der Wecker hat nicht geklingelt.
5. Der Bus hatte einen Platten.

A Ich musste zu Fuß gehen.
B Ich bin beim Frühstück wieder eingeschlafen.
C Ich habe zu lange geschlafen.
D Er konnte nicht fahren.
E Ich konnte nicht aus dem Haus gehen.

b Verbinde die Sätze aus 3a mit *deshalb*. Schreib in dein Heft.

1. Ich war so müde, deshalb bin ich beim Frühstück wieder eingeschlafen.

c Welche Form ist richtig? Kreuze an.

1. Robbie [X] musste ☐ musstet auf die U-Bahn warten.

2. Pia und Paul ☐ konntest ☐ konnten nicht früher kommen.

3. Sie erzählen: „Wir wollten früher kommen, aber wir ☐ mussten ☐ musstet zu Fuß gehen."

4. Nadja sagt: „Warum ☐ konnte ☐ konntet ihr mich nicht anrufen?"

5. Pia sagt: „Ich ☐ wollte ☐ wollten ja, aber ich hatte kein Handy dabei!"

6. Paul sagt: „Du ☐ musste ☐ musstest auf uns warten – entschuldige bitte!"

7. Endlich ☐ konntet ☐ konnten sie in den Park gehen.

d Ergänze die Präteritum-Formen. Übung 3c hilft dir dabei.

	können	müssen	wollen			können	müssen	wollen
ich		musste			wir			
du			wolltest		ihr		musstet	
er/es/sie	konnte				sie/Sie			wollten

4 Wunsch und Wirklichkeit

a Platos Tag. Was wollten die anderen machen? Ergänze die Modalverben.

1. „Ich ___wollte___ in Ruhe schlafen, aber ich _____ nicht – Plato _____ mit mir spielen. Aber ich spiele nicht mit Hunden!"

2. „Ich war am See und Plato _____ mitkommen. Aber er _____ nicht – ich bin mit dem Fahrrad gefahren."

3. „Plato _____ spazieren gehen, aber ich _____ leider meine Hausaufgaben machen – der Arme!"

4. „Ich war so hungrig – ich _____ die Wurst einfach haben! Plato _____ sie auch essen, aber ich war schneller!"

 b Was war das Problem? Schreib Sätze in dein Heft. Der Kasten hilft dir.

zu teuer • keine Plätze frei • Schuhe kaufen • ~~Eltern haben es verboten~~ • ins Kino gehen • ~~campen~~

 1. Cornelia

 2. Lucia

 3. Luis und Kristina

1. Cornelia wollte campen, aber sie konnte nicht. Ihre Eltern haben es verboten.

5 Mensch, das ist doch ganz einfach!

Ordne die Wörter zu.

der Computer • die E-Mail • das Passwort • ~~der Posteingang~~

1. _der Posteingang_

2. _____

3. _____

4. _____

6 Wie schickt man E-Mails?

a Wie öffnet man ein Mailprogramm? Ordne die Sätze.

___ die Webseite vom Mailprogramm wählen   ___ zum Posteingang kommen

_1_ Internetbrowser öffnen   ___ auf der Startseite das Passwort eingeben

**b Schreib einen kurzen Text für einen Freund mit den Sätzen aus 8a in dein Heft.
Der Kasten hilft.**

~~zuerst~~ • anschließend • zum Schluss • danach

Hallo! Ins Mailprogramm kommst du ganz einfach. Zuerst öffnest du den ...

**c Du hast etwas nicht verstanden. Was sagst du? Sortiere die Sätze. Schreib auch
in deiner Sprache.**

	Deutsch:	deine Sprache:
1. Was / du / meinst / ?	_Was meinst du?_	_____
2. du / das / erklären / Kannst / ?	_____	_____
3. verstehe / nicht / Ich / .	_____	_____
4. langsam / bitte / noch / mal / Erklär / !	_____	_____
5. denn / Was / das / ist / ?	_____	_____

d Was kannst du sagen? Wähle einen Satz oder eine Frage aus 8c.

1. ● Gestern habe ich mit einer Freundin geskypt.
   ○ Geskypt? Was _meinst du_____?

2. ● Kennst du „Skype" nicht?
   ○ Nein. _____?

3. ● Skypen ist telefonieren im Internet.
   ○ Hm. Ich _____.

4. ● Das ist super! Ich skype ganz oft!
   ○ Das möchte ich auch probieren.
   _____?

5. ● Also, du meldest dich bei Skype an,
   dann öffnest du das Programm und …
   ○ Moment – _____!

7 Alles klar?

a Was passt nicht zu einem Computer? Streich durch.

die DVD
~~das Kino~~
das Computerspiel

die Schlüssel
die Tasten
die Boxen

die Mailbox
die Internetadresse
die Hausnummer

surfen
segeln
chatten

Radio hören
Filme sehen
Partys machen

ein Programm anklicken
einen Platten haben
eine Nachricht bekommen

b Was kann man damit machen? Erkläre. Der Kasten hilft.

1. Mit den Tasten _kann man eine Mail schreiben._

2. Mit dem Handy _____

3. Mit den Boxen _____

4. Mit dem Passwort _____

> ~~eine Mail schreiben~~
> Radio hören
> eine Nachricht schicken
> sein Mailprogramm öffnen

c Hör das Gespräch und ergänze die Lücken.

1.14

● Kannst du mir bitte _helfen_?

○ Ja, klar. Was _____ denn los?

● Ich habe _____ zwei Tagen ein neues Handy. Ich möchte die Mailbox hören, aber wie? Das _____ ich nicht.

○ Zeig mal. Ach ja, ich _____. Also, es ist

ganz einfach. Zuerst _____ du die 5533, dann kommst du _____ einem Programm.

● Das verstehe ich jetzt _____. Was für ein Programm ist das?

○ Ein Programm für die Mailbox. Und dann: Hör einfach zu. Die _____ alles.

8 Auslautverhärtung

1.15
a Was hörst du: *t* oder *d*? Wie schreibt man die Wörter richtig? Ergänze.

1. „t" / Ra_d_ 2. ___ / Rä__er 3. ___ / ra__en 4. ___ / Bä__er 5. ___ / ba__en 6. ___ / Ba__

1.16
b Was hörst du: *p* oder *b*? Kreuze an.

1. b p   2. b p   3. b p   4. b p   5. b p   6. b p

1.17
c Was hörst du: *k* oder *g*? Wie schreibt man die Wörter richtig? Ergänze.

1. Fra_g_ – Fra__e   2. Dan___ – dan__en   3. Ta___ – Ta__e   4. mö__en – ma___

„k" – „g"   ___ – ___   ___ – ___   ___ – ___

1.18
d Hör die Sätze und sprich mit. Achte auf die unterstrichenen Buchstaben.

1. Ich rate dir: Fahr mehr Ra_d_. Das ist gesun_d_ und hält fit.

2. Bal_d_ ist rechts der Wal_d_.

3. Den Montag ma_g_ ich nicht.

9 Ein besonderer Tag

a Lies die Antworten von Eva und Irina. Was passiert an einem besonderen Tag? Markiere.

> # „Was ist für dich ein besonderer Tag?"
>
>
>
> Eva, 13 Jahre, Geburtstagskind:
> Ein besonderer Tag? Heute! ==Ich lade meine Freunde ein== und meine Mutter backt einen Kuchen.
>
>
>
> Irina, 14 Jahre, Schülerin am Schiller-Gymnasium:
> Ein besonderer Tag ist für mich ein freier Tag: Ich habe keine Schule, keine Hausaufgaben, keinen Gitarrenunterricht. Ich bleibe zu Hause und mache nichts!

b Schreib zu jeder Person zwei *wenn*-Sätze über ihren besonderen Tag. Achtung! Das Verb und die Pronomen sind anders.

1. *Für Eva ist ein besonderer Tag, wenn sie ihre Freunde einlädt.*

   Es ist ein besonderer Tag, wenn ihre ...

2. _____

   _____

10 Projekt: Culcha Candela

 Lies die E-Mail von deiner Freundin Lena und schreib eine Antwort. Schreib ca. 50 Wörter. Beantworte alle Fragen. Schreib am Ende einen Gruß.

> Liebe(r) ...,
> Ich habe lange nichts von dir gehört. Wie geht es dir?
> Gestern hatte ich einen ganz besonderen Tag. Das muss ich dir erzählen. Du weißt, ich spiele im Fußballverein. Gestern mussten wir gegen 4 Teams spielen und wir haben alle Spiele gewonnen! Wir waren so glücklich!
> Was ist für dich ein besonderer Tag? Du magst doch Fußball. Wollen wir zusammen spielen? Kommst du mich mal besuchen? Wann?
>
> Liebe Grüße
> Lena

Wie geht es dir?

Kommst du mich mal besuchen? Wann?

Liebe Lena,
danke für deine E-Mail. Ich freue mich immer, wenn du mir schreibst. Zu deinen Fragen: ...

Was ist für dich ein besonderer Tag?

Wörter – Wörter – Wörter

11 Verkehrsmittel

a Hier ist viel los! Markiere nur die Verkehrsmittel.

aber**ubahn**dasistbusdochnichtmotorradsoschwerautooderstraßenbahnwasdenkstfahrradduzug

b Schreib die Verkehrsmittel mit Artikel und im Plural ins Heft.

> *die U-Bahn, die U-Bahnen*

 c Wie heißt das Wort? Ergänze die fehlenden Buchstaben.

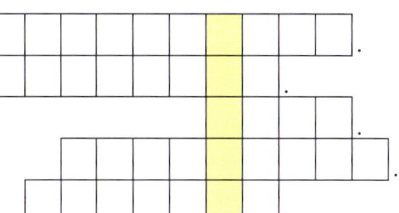

1. Die U-Bahn ist immer noch nicht da. Sie hat
2. Der Bus kommt jetzt immer erst um 9:10 Uhr. Es gibt einen neuen
3. Es ist Viertel nach sechs. Du bist 15 Minuten zu
4. Du musst um 8 Uhr am Bahnhof sein. Bitte sei
5. Mein Fahrrad ist kaputt. Ich habe einen

12 Silbenrätsel

Welche Adjektive für Musik gibt es hier? Schreib auf.

> fröh • ~~ig~~ • ig • lang • lich • mono • rig • ~~rock~~ • roman • ruh • sam • tisch • ton • trau

rockig,

13 Abläufe erklären

Finde 10 Wörter zum Thema *Computer* und *Handy*.

M	I	A	Z	P	E	S	S	T	L	O
A	N	T	W	O	R	T	E	N	T	T
I	T	A	L	S	I	A	N	E	A	E
L	E	H	O	T	E	W	D	A	S	N
B	O	B	W	E	B	S	E	I	T	E
O	L	R	U	I	C	H	N	E	E	W
X	A	O	N	N	O	L	K	F	V	M
A	B	W	I	G	E	M	A	P	P	A
H	R	S	P	A	S	S	W	O	R	T
R	I	E	V	N	A	O	U	S	E	R
B	P	R	O	G	R	A	M	M	J	Y

1. *die Webseite*
2.
3.
4.
5.
6.
7.
8.
9.
10.

14 Meine Wörter

Welche Wörter, Ausdrücke oder Sätze sind für dich wichtig? Schreib auf.

A Training

1 Sprechtraining: Fragen und antworten zu einem Thema

a Du sprichst mit einem Partner / einer Partnerin. Du stellst ihm/ihr zu jeder Karte eine Frage. Welche Fragen a bis d passen zur Karte? Vergleicht.

> Schule?

> Sport?

- a Wie lange gehst du schon in die Schule?
- b Welchen Beruf möchtest du haben?
- c Welche Fächer magst du gern, welche nicht?
- d Wie kommst du zur Schule?

- a Welche Sportler findest du gut?
- b Welchen Sport machst du?
- c Spielst du Klavier?
- d Was findest du besser, Fußball oder Volleyball?

b Arbeitet zu zweit. Stellt die passenden Fragen und antwortet. Wechselt ab.

> Wie lange gehst du schon in die Schule?

> 7 Jahre. Zuerst bin ich vier Jahre in die Grundschule gegangen.

c Notiere zu jedem Kärtchen drei Fragen. Vergleicht dann zu zweit.

> Ferien?

> Freizeit?

> Freunde?

> Klasse – Lehrer – Fächer – Mitschüler – Zeugnis – Note ...

Ferien								
Was hast du in den Sommerferien gemacht?								
Wie lang ...								

d Notiere zu jeder Frage drei Stichwörter oder Ausdrücke für eine Antwort.

1. Was hast du in den Sommerferien gemacht?

   lang schlafen, mit den Eltern wegfahren _____

2. Wie oft triffst du deine Freunde?

   _____

3. Was machst du am liebsten in deiner Freizeit?

   _____

e Sprich mit einem Partner / einer Partnerin. Stellt die Fragen aus 1c und 1d und antwortet in ganzen Sätzen.

> Was hast du in den Sommerferien gemacht?

> Ich habe lang geschlafen und ...

2 Sprechtraining: Von einem Ereignis berichten

a Sieh die Bilder an. Was ist passiert? Ordne die Ausdrücke den Bildern zu.

> a alle Sachen fallen in den Schnee • b aus dem Haus kommen • c das Fahrrad nehmen •
> d die anderen Schüler lachen • e die Hausaufgabe zeigen müssen •
> f die Schulsachen in den Rucksack geben • g es ist schon spät • h es schneit •
> i mit dem Fahrrad stürzen

Bild 1	Bild 2	Bild 3	Bild 4	Bild 5
b, h				

b Was passiert wann? Sprecht zu zweit. Jede/r spricht die Sätze zu einem Bild.

> danach • zum Schluss • dann • anschließend • zuerst

Zuerst ist Kolja aus dem Haus gekommen. Es hat geschneit.

Dann …

3 Sprachmittlung: Etwas erklären

1.19

a Der Lehrer erklärt, was ihr an eurem Projekttag macht. Welche Aussagen stimmen? Kreuze an.

1. In dieser Woche gibt es am Freitag einen Projekttag.

2. Die Schüler können ein oder zwei Projekte auswählen.

3. Die Schüler besuchen in Musik ein Konzert.

4. Beim Projekt von Herrn Peters fragen die Schüler alte Leute.

5. Frau Morscher trainiert mit ihren Schülern Volleyball.

6. Im Biologie-Projekt ist das Thema „Fische im Bodensee".

7. Das Kunst-Projekt von Frau Viertler ist schon morgen.

8. In Mathematik gibt es keinen Projekttag.

9. Die Schüler müssen sich am Dienstag in der Schule anmelden.

b Hör noch einmal und korrigiere die falschen Aussagen.

> *2. Die Schüler müssen …*

c Ein Freund oder eine Freundin aus deiner Klasse war nicht im Unterricht. Berichte ihm/ihr in eurer Sprache die wichtigen Informationen zum Projekttag. Der Mitschüler / Die Mitschülerin kann auch Fragen stellen.

Welche Projekte gibt es? Welches Projekt wählst du aus? Warum gefällt es dir? Welche Projekte findest du nicht so gut? Wann und wie muss man sich anmelden?

5 Sport

1 Ich bin ein Fan von …

1.20

a Welchen Sport machen die jungen Leute? Hör zu und ergänze die Tabelle links. Nicht alle Sportarten im Kasten passen.

> Schwimmen • Tennis spielen • Volleyball spielen • Ski fahren • Snowboard fahren
> Skateboard fahren • ~~Laufen~~ • Reiten • Rad fahren • Fußball spielen • Kanu fahren

	Sport	Was braucht man dazu?
1. Lorenz	*Laufen*	*Laufschuhe*
2. Ellis		
3. Tina		
4. Betti		
5. Tim		
6. Claus		

b Was braucht man für diesen Sport? Schreib ein oder zwei Wörter rechts in die Tabelle. Nicht alle Wörter passen.

> Volleyball • Mütze • ~~Laufschuhe~~ • Tennisschuhe • Badehose • Snowboard • Gummistiefel
> Skateboard • Fahrrad • Tennisball • Fußball • Reithose • Bikini

2 Leon und seine Lieblingssportler

a Ergänze die Lücken. Der Text im Kursbuch hilft.

Leon macht Sport und ist ein _____ (1). Aber Sport in der Schule ist _____ (2), sagt er.

Es macht _____ (3) Spaß. Leon fährt Snowboard und er _____ (4) Fußball.

Jérôme Boateng _____ (5) er besonders gut, und _____ (6) Antoine Griezmann.

1.21

b Was hörst du, A oder B? Kreuze an.

1. A Leon fährt Snowboard und kann ein paar super Tricks.

   B Leon lernt Snowboard fahren und macht einen Kurs.

2. A Beim Sport in der Schule macht nur Fußball Spaß.

   B Leon sagt, Sport in der Schule ist langweilig.

3. A Leon hat ein Autogramm von Jérôme Boateng bekommen.

   B Jérôme Boateng ist wichtig für die Mannschaft, deshalb ist er arrogant.

4. A Der Lieblingsverein von Leon ist der FC Köln.

   B Jérôme Boateng spielt auch für Leons Lieblingsverein.

3 Sportler und ihre Fans

a Du liest auf einer Fan-Seite folgenden Text. Der Text hat fünf Lücken (✦✦). Finde für jede Lücke das passende Wort und schreib es hinein. Achtung: Es gibt ein paar Wörter zu viel!

gewinne · möchte · sehe · gratuliere · schön · euch · sympathisch · wünsche · mich · glücklich

AUTOR	NACHRICHT
Lucia Franulescu schrieb am 14.06., 11:23:48 Uhr	Liebe Tina, liebe Franzi!
	Nach dem Rennen in Moskau ✦gratuliere✦ (0)) ich euch: Platz eins ist toll!!! Aber ihr seid immer die Nummer eins für ✦✦ (1). Schade, dass ich euch immer nur im Fernsehen ✦✦ (2). Euer Sieg in London bei den Olympischen Spielen war so toll. Seitdem fahre ich auch Kanu. Dieser Sport ist einfach so ✦✦ (3). Ich bin auch schon ein paar Rennen gefahren. Ihr seid immer so nett zu uns Fans und so ✦✦ (4). Und ihr seid so freundlich, wenn man ein Foto möchte. Eure Autogramme hängen über meinem Bett. Und für alle Rennen ✦✦ (5) ich euch viel, viel Glück.
	Ganz liebe Grüße von Lucia

b Was passt zusammen? Ordne zu.

1. _C_ Leon sieht gern beim Fußball zu.
2. ___ Peter fährt oft Snowboard.
3. ___ Betty möchte Dirk Nowitzki sehen.
4. ___ Betty spielt gut Basketball.
5. ___ Eva ist im Skiclub.

A Sie trainiert sehr oft.
B Sie ist ein Fan von ihm.
C Die Spiele sind spannend.
D Ski fahren ist ihr Hobby.
E Er möchte gute Tricks lernen.

c Verbinde die Sätze aus 3b mit *weil*. Schreib in dein Heft. Wie heißt das in deiner Sprache? Übersetze die Sätze 1–3 und schreibe auch.

Leon sieht gern beim Fußball zu, weil die Spiele spannend sind.

4 Fan sein oder nicht?

Warum lieben die Fans ihre Stars? Schreib die Sätze fertig.

1. hat viel Erfolg   Leon mag Antoine Griezmann, _weil er viel Erfolg hat._

2. seine Interviews sind gut   Betty liebt Dirk Nowitzki, _____

3. gewinnt fast immer   Marius mag Nowak Djokovic, _____

4. ist cool   Theresa ist Fan von Shaun White, _____

5. verdient viel Geld   Tom findet Jérôme Boateng cool, _____

5 Beim SV Rasentreter

▶ **a Worüber spricht Kolja? Kreuze die vier richtigen Antworten an.**

1.22

☐ Rad fahren ☐ Sport in der Schule ☐ Training ☐ Tore schießen

☐ der Sportlehrer ☐ ein Mädchen spielt mit ☐ der Sportplatz ☐ ein Spiel gewinnen

b Hör noch einmal. Was stimmt nicht? Streich das falsche Wort durch und korrigiere.

1. Paul und ich fahren oft ~~mit dem Bus~~ zum Fußballtraining. *mit dem Rad*

2. Paul war schneller als ich. Aber sein Fahrrad ist neu! _____

3. Der Trainer ist sehr nett und das Training ist langweilig. _____

4. Der Trainer sagt, ich muss mehr turnen. _____

5. Beim letzten Match habe ich kein Tor geschossen. _____

6 Vorlieben und Sport

a Vergleiche. Mach Sätze mit _als_.

Leon

1. schön finden: Fußball Volleyball Leon findet Fußball _schöner als_
   ☺ ☺ ☺ _Volleyball._

2. gern mögen: Dirk Nowitzky Shaun White Leon mag _____
   ☺ ☺ ☺ _____

Angie

3. gut finden: Fußball Turnen Angie findet _____
   ☺ ☺ ☺ _____

4. anstrengend Laufen Skateboard Angie findet _____
   finden: ☹ fahren ☹ ☹ _____

b Wo passen die Adjektive? Ordne zu. Manche Adjektive passen mehrmls.

jung • ~~alt~~ • groß • ~~reich~~ • cool • teuer • schnell • langsam • dick • dünn • klein

Person

alt, reich, ...

Katze

Motorrad

Person

Hund

Auto

c Schreib zu jedem Bild drei Vergleiche.

1. Der Mann _ist älter als die Frau._ 1. Die Frau _____

2. Die Katze _____ 2. _____

3. _____ 3. _____

7 Bitte nicht vergessen!

a Ergänze die Nachrichten.

Entschuldigung • fahren • Fahrrad • ~~komme~~ • muss • Prüfung
~~Spiel~~ • Sportplatz • Trainer • ~~Training~~ • verpasst • melden

1

Hallo Clemi,
ich kann nicht zum
Training kommen,
ich _____ lernen.
Morgen _____
in Mathe!! Komme
morgen um 17.00 zum
_____. Okay so?
Flo

2

Hi Leute,
Spiel gegen Seefeld:
So, 14.30, Abfahrt
13.00! Wer kann
_____? Eltern
bitte _____!
Eure _____
H & H

3

Hallo Trainer,
ich _komme_
ca. 15 Min. zu spät,
_____. Muss
das _____
nehmen, habe den Bus
_____.
☹
Bis gleich, Matthi

b Sprich mit deinem Partner / deiner Partnerin. Jeder wählt zwei Fragen und bereitet sie vor. Erzählt dann. Wechselt euch ab.

A Machst du Sport? Welchen Sport findest du gut? Erzähle.

B Was hast du am Wochenende gemacht? Wo warst du? Erzähle.

C Was machst du gern? Erzähle von deinem Hobby.

D Welchen Sportler / Welche Sportlerin findest du gut? Warum? Erzähle.

E Was hast du in den letzten Ferien gemacht? Wo warst du? Erzähle.

F Von wem bist du ein Fan? Warum findest du diese Person gut? Erzähle.

A Volleyball, Tennis

> Ich spiele Volleyball.
> Das finde ich toll. Ich …

8 pf und ts

a Mein Name ist … Welchen Namen hörst du? Kreuze an.
1.23

1. ☐a Hoffer 2. ☐a Stoffner 3. ☐a Klopper 4. ☐a Rumper 5. ☐a Kippler 6. ☐a Hopp
   ☐b Hopfer   ☐b Stopfner   ☐b Klopfer   ☐b Rumpfer   ☐b Kipfler   ☐b Hopf

b Hör die Wörter. Ergänze die Buchstaben s, t oder z.
1.24

1. Tan_t_e 2. tan___en 3. ___eit 4. ___eit 5. kur___ 6. Kur___ 7. ___elt 8. ___elten

c Wo spricht man pf, wo ts? Markiere im Text.

Es klo**pf**t in meinem Kopf, ich habe Kopfschmer**z**en. Oder sind es Zahnschmerzen? Ich muss zum Arzt.

Der Zug kommt. Ich finde einen Platz und lese Zeitung. Zwei Stunden später bin ich am Ziel.

d Hör zur Kontrolle. Lies die Sätze aus 8c halblaut: zuerst langsam, dann immer schneller.
1.25

5

9 Rekorde, Rekorde!

a Welche Form passt? Hör zu und kontrolliere.

1.26

> alt • langsam • am höchsten • am ältesten • ~~am höchsten~~ • älter • hoch • höher • alt • hoch

● Wer springt _am höchsten_ (1)? Javier Sotomayor aus Kuba ist 2,45 m _____ (2)

gesprungen. So _____ (3) hat es noch kein anderer Sportler geschafft. Manche

Tiere springen _____ (4), bis zu 5 Meter. Aber am besten ist der Delfin, er springt

_____ (5) von allen.

○ Und was ist mit der Schildkröte? Schildkröten sind doch so langsam.

● Das stimmt, sie sind _____ (6). Aber sie werden _____ (7), sehr, sehr

_____ (8). Die Schildkröte Harriet ist _____ (9) geworden: 175 Jahre!

Sie ist 53 Jahre _____ (10) geworden als die älteste Frau. Nicht schlecht!

b Haustiere und ihre Rekorde: Schreib Sätze.

die Maus – ist klein	_Die Maus ist am kleinsten._
der Hund – bellt laut	
die Katze – geht leise	
die Schildkröte – wird alt	
der Vogel – singt schön	
der Papagei – spricht gut	

10 Wer kann das am besten?

a Welche Sätze stimmen? Kreuze an.

> Jannik – 6 Jahre, Max – 6 Jahre, Nadja – 14 Jahre, Paul – 15 Jahre

1. [A] Jannik ist so alt wie Max.   [B] Jannik ist älter als Max.
2. [A] Nadja ist so alt wie Max und Jannik.   [B] Nadja ist älter als Max und Jannik.
3. [A] Paul ist älter als Nadja.   [B] Paul ist am ältesten.

b Vergleiche und ergänze die Sätze.

Tom schläft
9 Stunden lang.

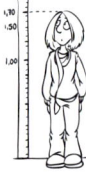

Max – auch 9 Stunden	Max schläft _so lange wie_ Tom.
Ali – 10 Stunden	Ali schläft _____ Tom und Max.
Mitja – 12 Stunden	Mitja schläft am _____.

Lisa ist
1,70 m
groß.

Eva – auch 1,70 m	Eva ist _____ Lisa.
Mara – 1,74 m	Mara ist _____ Lisa und Eva.
Nadine – 1,80 m	Nadine ist am _____.

Wörter – Wörter – Wörter

11 Sport-Wörter

Ordne die Wörter in die Tabelle.

> der Sportplatz • der Sportler • die Sporthalle • Sportschuhe (Pl.) • der Sportarzt
> die Sporthose • die Sporttasche • der Sportfan • ~~die Sportlehrerin~~ • Sportsachen (Pl.)

Personen	Das nimmt man mit zum Sport	Dort kann man Sport machen
die Sportlehrerin, ...		

12 Sportler und Fans

a Stars und ihre Eigenschaften. Welches Adjektiv passt? Nicht alle Wörter passen.

> arrogant • beliebt • berühmt • cool • fair • fröhlich • peinlich • unsympathisch • witzig

Viele Sportfans mögen die Sportlerin und finden sie nett. Sie ist …

Diese Person hat meistens gute Laune, sie ist …

Er glaubt, er ist ein großer Star und er ist der Beste. Er ist …

Wenn man mit der Person spricht, muss man oft lachen. Sie ist …

Sportfans mögen diesen Sportler nicht, sie finden ihn …

Sehr, sehr viele Leute kennen die Person. Sie ist …

Er gewinnt gern, aber kann auch verlieren, wenn andere besser sind: Er ist …

Das Lösungswort heißt: _____

b Welche Wörter sind verwandt? Notiere Paare.

> ~~lieben~~ • ~~spielen~~ • das Training • der Sport • der Trainer • treffen • der Witz
> ~~beliebt~~ • sportlich • der Treffpunkt • witzig • das Spiel

1. *lieben – beliebt*   3. _____   5. _____
2. *spielen –*   4. _____   6. _____

c Ein Wort passt nicht. Streich durch.

1. der Fußball – der Tennisball – der Volleyball – ~~der Fußballfan~~
2. das Schwimmbad – das Snowboard – das Skateboard – das Fahrrad
3. das Fußballspiel – der Tennisball – ein Tor schießen – der Fußballer
4. Erfolg haben – gewinnen – besser sein – verlieren
5. schwimmen – laufen – Bus fahren – Rad fahren

13 Meine Wörter

Welche Wörter, Ausdrücke oder Sätze sind für dich wichtig? Schreib auf.

_____

6 Kleidung und Farben

1 Wie gefällt dir das?

a Wie heißen die Kleidungsstücke? Schreib die Wörter mit Artikel und Farbe.
Das Bild im Kursbuch hilft.

der Hut: grau

_____

_____

_____

_____

_____

_____

_____

b Wo ist was? Schreib fünf Sätze.

╔══╗
hinten • vorne • rechts • links • in der Mitte
╚══╝

1. *Hinten ist eine Hose.* _____

2. _____

3. _____

4. _____

5. _____

c Finde elf Farben. Markiere die Wörter in der passenden Farbe.

```
G  R  Ö  S  C  H  W  A  R  Z  T  S  E  N  G  Ä  U  T  I  L  E  T  B
R  O  S  A  G  H  K  M  A  R  S  Q  U  G  R  Ü  N  E  S  N  A  T  R
A  R  C  H  R  R  W  A  L  O  C  I  G  E  L  B  O  D  S  L  I  L  A
T  A  B  L  A  U  E  S  V  T  H  W  E  I  S  S  M  I  G  K  A  U  U
I  U  E  T  U  T  O  R  A  N  G  E  X  P  T  U  M  E  R  Y  C  K  N
```

d Sieh noch einmal das Bild im Kursbuch an. Wo siehst du was? Schreib für jede
Farbe einen Satz in dein Heft.

1. Rechts sehe ich ein T-Shirt. Es ist rosa.

2 Was sagen die Mädchen?

a Hör das Gespräch und ergänze die Verben.

1.27

> ~~sieht~~ • gibt • finde • passt • stimmt

● Und, wie _sieht_ es aus? ○ Die Hose sitzt super, aber die Farbe _____ ich nicht so toll.

● Echt? Vielleicht _____ es die auch noch in Braun. ○ Ich kann ja mal schauen. Aber die Größe

_____, oder? ● Ja, sie _____ perfekt und ist bequem.

b Was passt zusammen? Verbinde die Sätze.

1. Soll ich das Sweatshirt mal anprobieren?   A Warum? Probier ihn doch einfach mal an.
2. Wie findest du das Kleid?   B Ja, es sitzt super!
3. Ein Anzug?! Das ist nichts für mich!   C Ganz hübsch, aber der Rock gefällt mir besser.
4. Wie sieht die Jacke aus: Stimmt die Größe?   D Ja, es steht dir bestimmt gut.
5. Passt mir das Hemd?   E Ja – sie passt perfekt!

c Schreib eine passende Antwort.

1 *Was gefällt dir besser – die Hose oder der Rock?*

2 *Wie findest du das Hemd?*

3 *Wie sieht die Jacke aus?*

4 *Stehen mir die Schuhe?*

_____   _____   _____   _____

_____   _____   _____   _____

_____   _____   _____   _____

3 Wem gehört das?

Ergänze die Endungen. Übersetze auch in deine Sprache.

Deutsch	deine Sprache	Deutsch	deine Sprache
1. das weiße Shirt	_____	4. der schwarz___ Mantel	_____
2. das rosa___ Kleid	_____	5. der rot___ Rock	_____
3. die gelb___ Strümpfe	_____	6. die grün___ Bluse	_____

4 Kleidung und Farben

Was gehört wem? Schreib Sätze in dein Heft.

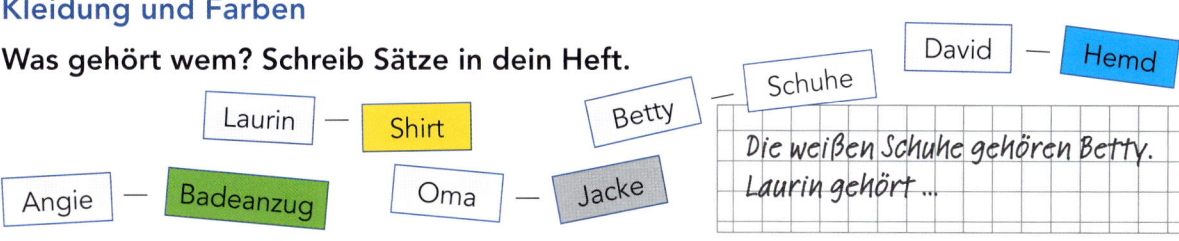

David — Hemd

Laurin — Shirt

Betty — Schuhe

Angie — Badeanzug

Oma — Jacke

Die weißen Schuhe gehören Betty.
Laurin gehört ...

5 Shoppen

a Schreib die Zahlen in Ziffern.

1. dreiundsechzig Euro zwanzig _63,20_

2. achtundsiebzig Euro _____

3. neunzehn Euro neununddreißig _____

4. drei Meter siebenundsechzig _____

5. vierundzwanzig Euro neunzig _____

6. vierunddreißig Euro fünfzig _____

7. ein Meter fünfundvierzig _____

8. acht Euro dreiundzwanzig _____

b Alles im Akkusativ! Ergänze die Artikel und die Endungen.

1. Angie findet d_en_ grün_en_ Bikini für den Urlaub toll.

2. Johannes findet d____ weiß____ Hemd für das Schulfest passend.

3. Laurin findet d____ grau____ Hose für das Familienfest schön.

4. Eva findet d____ lila____ Kleid für die Party uncool.

5. Kilian findet d____ braun____ Hut für das Sportfest gut.

6. Markus findet d____ schwarz____ Anzug für das Familienfest doof.

7. Betty findet d____ schwarz____ Jeansjacke für die Party super.

8. Leon findet d____ blau____ Pullover für das Sportfest passend.

c Lies das Gespräch und wähle die richtige Form: A, B oder C.

1.	2.	3.	4.	5.	6.
A rot	A rot	A blau	A grün	A grau	A grau
☒ rote	B rote	B blaue	B grüne	B graue	B graue
C roten	C roten	C blauen	C grünen	C grauen	C grauen

● Schau mal dort, der (1) _rote_ Rock ist doch super für die Party!

○ Ja, den (2) _____ Rock finde ich auch super. Und für dich ist der (3) _____ Pullover super.

● Was? Nein, der steht mir nicht. Den (4) _____ Pullover mag ich viel lieber.

○ Aber grün ist nicht so cool. Nimm lieber den (5) _____ Anzug, der ist super!

● Der (6) _____ Anzug ist doch nicht super! Jetzt kauf lieber den Rock und dann gehen wir.

6 Was tragt ihr wann?

 Mal die Kleidungsstücke in verschiedenen Farben an. Beschreib dann beide Bilder.

Für das Schulfest trägt der Junge das ...

_____ _____

_____ _____

7 Zusammen im Geschäft

a Du hörst drei Gespräche. Was kaufen die Jugendlichen?

1.28

1. _____ 2. _____ 3. _____

b Ergänze die Wörter aus dem Kasten.

> ~~finde~~ • anprobieren • steht • nehme • passt • sehe • gibt • suchen • sind • tut

Lena: Also die grüne Hose _finde_ ich echt super.

Laura: Ja, sie _____ (1) dir bestimmt. Probier sie doch mal an.

Lena: Wo _____ (2) die Umkleidekabinen?

Laura: Hier! Die ist frei, hier kannst du die Sachen _____ (3).

Lena: Und? Wie _____ (4) ich aus?

Laura: Die Farbe ist super, aber die Hose _____ (5) dir nicht richtig.

Lena: Vielleicht _____ (6) es sie noch eine Nummer größer?

Laura: Entschuldigung, können Sie uns helfen? Wir _____ (7) diese Hose in Größe 176.

Verkäuferin: Nein, _____ (8) mir leid. Die Hose gibt es nur noch in dieser Größe.

Lena: Dann _____ (9) ich nur den Pulli.

8 Ist das fair?

(P) **Setze aus der Wortliste (A–H) das richtige Wort in jede Lücke ein. Einige Wörter bleiben übrig. Wenn du den ganzen Text gelesen hast, wähle noch eine Überschrift aus.**

sparen (A)	Geschenke (D)	Jugendlichen (G)
bezahlen (B)	teure (E)	Erwachsene (H)
Taschengeld (C)	weniger (F)	Woche (Z)

Welches Wort passt in welche Lücke? Schreibe den Buchstaben des Wortes in die Lücke.

Viele deutsche Jugendliche bekommen einmal in der (0) _Z_ oder einmal im Monat

(1) _____. Außerdem schenken Verwandte auch an Weihnachten und zum Geburtstag Geld,

insgesamt bis zu 200 Euro im Jahr.

Aber was machen die (2) _____ mit dem Geld? Sie kaufen Süßigkeiten, Zeitschriften und

Comics, Eis und Getränke. Und viele Jugendliche (ca. 80%) (3) _____ etwas Geld, zum

Beispiel für (4) _____ Dinge wie Handy, Kleidung und Computerspiele.

Welche Überschrift passt am besten zum Text? Kreuze an!

A Jugendliche in Deutschland haben zu viel Geld

B Deutsche Jugendliche und ihr Taschengeld

C Was deutsche Jugendliche zum Geburtstag bekommen.

9 Projet: Umfrage „Job, Geld und was wir damit machen"

Bekommst du Taschengeld? Von wem? Was machst du damit? Schreib einen kurzen Text in dein Heft.

10 au und eu

a Hör zu und ergänze *au* oder *eu/äu*.

1.29

Fr____en   Url___b   t____er   B____me   P____se   H____ser   M____s

b Welches Wort hörst du? Kreuze an.

1.30

1. Ⓐ Frauen   2. Ⓐ kaufen   3. Ⓐ Räume   4. Ⓐ lauf   5. Ⓐ verkaufen
   Ⓑ freuen   Ⓑ Käufer   Ⓑ Raum   Ⓑ läuft   Ⓑ Verkäufer

11 Wer ist am schönsten im ganzen Land?

Lies die Aussagen und ergänze einen passenden Satz.

1. Kleidung für Hunde – ☺ _____

2. Schule für Hunde – ☺ _____

3. Schokolade für Katzen – ☹ _____

4. Sonnenbrille für Pferde – ☺ _____

5. Filme mit Tieren – ☺ _____

6. Filme für Tiere – ☹ _____

> Das ist spannend.
> So etwas finde ich blöd.
> Ich finde das interessant.
> Na ja.
> Das ist lustig.
> Das ist langweilig.

12 Ende gut, alles gut?

a Verbinde die Wörter mit dem Bild. Nicht alle Wörter passen.

der Preis   die Uhrzeit   die kurze Hose   der schmutzige Hund

der Anzug

die Bushaltestelle   die Regenjacke

die Umkleidekabine

die Pfütze   das Sweatshirt mit der Nummer neun

das Plakat für die Hundeshow   die Strumpfhose

das Handy   der Regenschirm   die Brille

b Was siehst du auf dem Bild, was siehst du nicht? Schreib Sätze. Der Kasten hilft.

> Vorne sehe ich … • Ich sehe hinten / in der Mitte … • Links / Rechts sehe ich … •
> Ich sehe keine(n) …

Ich sehe in der Mitte eine Pfütze und rechts … _____

_____

Ich sehe keinen Anzug. _____

_____

Wörter – Wörter – Wörter

13 Kleidung

a Welches Kleidungsstück passt nicht? Streich durch.

1. der Badeanzug – der Sonnenhut – die Strumpfhose – die Badehose
2. die Mütze – die Handschuhe – der Mantel – der Bikini – der Pullover

b Was gehört zusammen? Bilde Wörter und notiere den Artikel.

 -cke   -eid  -emd  -over -se -uh  -umpf  -zug

1. _der_ An _zug_   3. _____ H_____   5. _____ Ja_____   7. _____ Sch_____
2. _____ Blu_____   4. _____ Kl_____   6. _____ Pull_____   8. _____ Str_____

14 Farben

Welche Farbe hat das? Verbinde die Wörter. Welche Farben passen nicht?

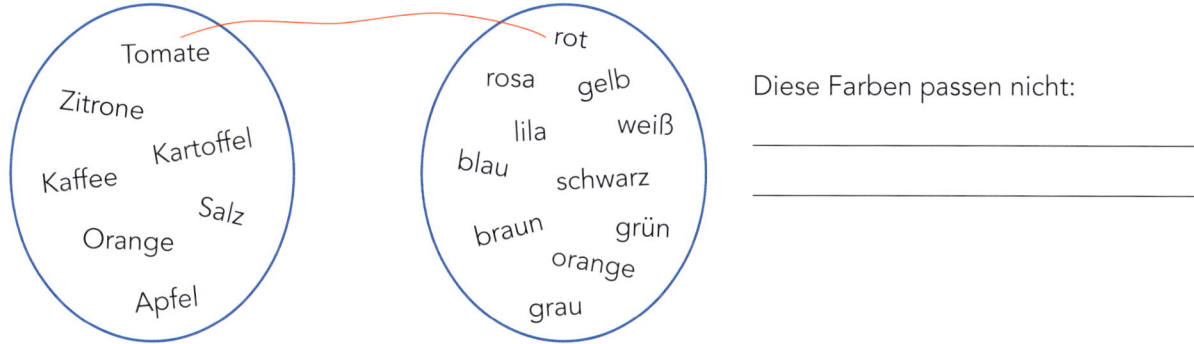

Tomate · Zitrone · Kartoffel · Kaffee · Salz · Orange · Apfel

rot · rosa · gelb · lila · weiß · blau · schwarz · braun · grün · orange · grau

Diese Farben passen nicht:

_____

_____

15 Im Geschäft

Was gibt es in einem Geschäft? Finde die Wörter.

BLIUMKLEIDEKABINEREIPREISELAVERKÄUFERINLOLKLEIDUNGÜTAKASSEPF

16 Buchstabensalat

Wie heißen die Wörter?

1. schbüh _hübsch_   5. donerm _____
2. llot _____   6. weiliglang _____
3. gitlus _____   7. spuer _____
4. lage _____   8. terissanten _____

17 Meine Wörter

Welche Wörter, Ausdrücke oder Sätze sind für dich wichtig? Schreib auf.

_____

7 Freundschaften

1 Der Angeber

Mark, Paul und Pia sprechen. Schreib das richtige Wort in die Lücke.

egal • traurig • Angst • ~~gewinne~~ • verlierst • schaffst • blöd • Marc • Angeber

Marc: Ich __*gewinne*_____ morgen beim Sportfest.

Und du _____ morgen den Lauf.

Das ist doch nicht _____. Das ist toll.

Paul: Das ist mir doch _____!

Marc ist ein doofer _____.

Quatsch, ich habe doch keine _____!

Pia: Du _____ das schon!

Sei nicht _____!

Wenn _____ gewinnt, ist er immer noch doof.

2 Du schaffst das schon!

Ordne zu. Zu jedem Bild passen zwei Sätze.

Sei nicht traurig! • Du hast keine Chance! • Das interessiert mich nicht!
Du schaffst das schon! • Das ist mir doch egal! • ~~Ich gewinne.~~

Ich gewinne. _____

3 Auf dem Sportfest

Richtig oder falsch? Sieh die Geschichte im Kursbuch noch einmal an und kreuze an.

	richtig	falsch
1. Marc und Paul laufen auf dem Sportfest.	X	
2. Am Anfang ist Marc schneller als Paul.		
3. Marc läuft am schnellsten und gewinnt den Lauf.		
4. Marc ist bei seinen Fans sehr beliebt.		
5. Marc hat sich verletzt. Deshalb verliert er den Lauf.		
6. Pia hilft Marc nach dem Unfall.		

4 Typen

a Schreib die Adjektive richtig.

1. belsisen _sensibel_
2. ttne _____
3. aagnorrt _____
4. raif _____
5. schhüb _____
6. tischmisopti _____
7. nellsch _____

8. liebbet _____
9. üchternsch _____
10. pessitischmis _____
11. rgßo _____
12. lichckschre _____
13. arstk _____
14. spoichrtl _____

b Schreib den Artikel und ergänze die Endung.

1. _der_ Typ   Er ist ein arrogant_er_ Typ.
2. _____ Freunde (!)   Das sind nett_____ Freunde.
3. _____ Freundin   Sie ist eine gut_____ Freundin.
4. _____ Angeber   Er ist ein schrecklich_____ Angeber.
5. _____ Computerspiel   Das ist ein beliebt_____ Computerspiel.
6. _____ Jungen (!)   Das sind keine sportlich_____ Jungen.
7. _____ Konzert   Das ist kein groß_____ Konzert.

c Die Leute magst du! Wähle passende Adjektive aus dem Kasten.

1. Sie ist eine _coole_ Freundin.
2. Ihr seid sehr _____ Nachbarn.
3. Du bist ein _____ Typ.
4. Das sind _____ Leute.
5. Du bist keine _____ Schwester.
6. Er ist kein _____ Bruder.

d Die Leute magst du nicht! Wähle passende Adjektive aus dem Kasten.

1. Sie ist ein _____ Mädchen.
2. Das ist keine _____ Klasse.
3. Das ist ein _____ Hund.
4. Sie sind _____ Schüler.
5. Er ist ein _____ Angeber.
6. Das ist ein _____ Kind.

beliebt
arrogant
schrecklich
nett
schnell
blöd
cool
hübsch
fair
egoistisch
schmutzig
pessimistisch
witzig
toll
langweilig
lustig

5 Wer ist hier der Idiot?!

Ergänze die Sätze.

> wie • was • woher • wann • wen • warum

1. ● _____ bist du gestern nach Hause gegangen?   ○ Um 18 Uhr.
2. ● _____ kommt der Zug?   ○ Er kommt aus Bremen.
3. ● _____ spät ist es jetzt?   ○ Halb sieben.
4. ● _____ kommst du zu spät?   ○ Ich hatte einen Unfall mit dem Fahrrad.
5. ● _____ ist passiert?   ○ Nichts!
6. ● _____ hast du gesehen?   ○ Ich habe den Täter gesehen.

6 Florians Freunde: Wer war's?

a Polizisten-Fragen: Schreib Fragen zu den unterstrichenen Wörtern.

1. Ich habe einen Unfall gesehen. _Was hast du gesehen_ ?
2. Um 19:30 Uhr ist das passiert. _____ ?
3. Ich war auf der Straße vor dem Kino. _____ ?
4. Ich wollte gerade ins Kino gehen. _____ ?
5. Das Auto ist von rechts gekommen. _____ ?
6. Ein Mann ist verletzt. _____ ?

b Welches Bild passt zu 6a?

 c Was ist auf dem anderen Bild passiert? Schreib drei Polizisten-Fragen zu dem Bild in dein Heft und beantworte sie.

7 Florians Plan

a Schreib die Uhrzeit.

1. 05:30 Uhr _Es ist halb sechs._   4. 14:25 Uhr _____
2. 19:15 Uhr _Es ist Viertel nach ..._   5. 19:35 Uhr _____
3. 16:45 Uhr _____   6. 12:50 Uhr _____

b Gleich geht es los! Lies die Pläne und schreib Sätze: Was passiert wann?

1. **Marias Plan: 18:30 Uhr**

   18:45 Uhr Abendessen

   19:00 Uhr Hausaufgaben machen

   19:30 Uhr Vokabeln lernen

   > _Jetzt ist es halb sieben._
   > _In einer Viertelstunde gibt es Abendessen._
   > _In einer_ _____
   > _____

2. **Fabios Plan: 6:45 Uhr**

   7:00 frühstücken

   7:15 Mario abholen

   7:45 Mathetest schreiben

   > _Jetzt_ _____
   > _____
   > _____

c Lies die Aufgabe gut durch. Du hast 30 Sekunden Zeit. Situation: Du hörst eine Nachricht auf dem Anrufbeantworter. Hör gut zu und notiere die Informationen. Du hörst den Text zweimal.

1.31 Sporttag in Bremen

(0) Tag: _Samstag_   (3) Preis Kinder: _____ Euro

(1) Treffen Gruppe: _____ Uhr   (4) Preis Erwachsene: _____ Euro

(2) Ort: _____-Schule   (5) Infonummer: _____

8 _Ich-_ und _Ach-_Laut

a Hör die Sätze und sprich nach.

1.32
1. Welche Milch möchte ich?   3. Den Kuchen musst du im Bauch suchen.
2. Macht euch doch Licht in der Nacht.   4. In welcher Woche lachst du nicht?

b Kennst du noch andere Wörter mit _ch_? Schreib auf.

_ch_ wie in _ich_: _____

_ch_ wie in _ach_: _____

9 Ein Entschuldigungsbrief

Du bist mit deiner Freundin Maria am Nachmittag verabredet und kommst eine Stunde zu spät. Ihr möchtet abends ins Kino gehen. Schreib Maria eine Nachricht.

- Warum zu spät?
- Welcher Film?
- Nenn einen Ort und eine Uhrzeit.

_____

_____

_____

10 Eine superblöde Idee

a Markiere die Nomen im Kasten: **der** = blau, **die** = rot, **das** = grün. Sortiere die Sätze dann in die Tabelle.

> Das ist eine dumme Idee. • Er ist ein echter Freund. • Ich habe eine gute Idee.
> Er macht einen dummen Fehler. • Sie ist ein nettes Mädchen. • Sie spielen ein blödes Computerspiel

	Sätze mit *sein*	Sätze mit *haben, machen, …*
der	*Er ist …*	*Er macht einen dummen Fehler.*
die		
das		

b Nominativ oder Akkusativ: Wie heißt es richtig? Kreuze an.

		Nom.	Akk.
1.	Ich bin	☐ ein guter Freund.	☐ einen guten Freund.
2.	Ich habe	☐ ein guter Freund.	☐ einen guten Freund.
3.	Ich bin	☐ ein echter Freund.	☐ einen echten Freund.
4.	Ich finde	☐ ein echter Freund.	☐ einen echten Freund.
5.	Das ist	☐ ein dummer Fehler.	☐ einen dummen Fehler.
6.	Ich mache	☐ ein dummer Fehler.	☐ einen dummen Fehler.

c Ergänze die Endungen.

> Montag, 23. Juni
>
> Florian ist ein sehr gut____ (1) Freund von mir. Aber plötzlich hatte er keine Zeit mehr für mich.
> Miriam, ein blond____ (2) Mädchen aus unserer Klasse, und Florian haben jeden Tag zusammen ein
> blöd____ (3) Computerspiel gespielt. Ich war sauer und habe einen dumm____ (4) Fehler gemacht.
> Ich wollte Florian ärgern und habe „Idiot" an die Garage geschrieben.
> Dann hatte er ein groß____ (5) Problem mit seinen Nachbarn: Ich hatte auf eine falsch____ (6)
> Garage geschrieben! Dann hatte ich eine neu____ (7) Idee. Ich habe an die Garage
> geschrieben: „Florian ist ein gut____ (8) Freund." Zum Glück ist jetzt alles wieder gut. ☺

11 Was ist Freundschaft?

▶ **Hör die Texte. Was ist den Jugendlichen bei ihren Freunden wichtig? Ordne zu.**

1.33

1. _____   A Mit einem Freund verbringt man viel Zeit.

2. _____   B Wir können über das Gleiche lachen.

3. _____   C Mein Freund hört die gleiche Musik wie ich.

4. _____   D Wir bleiben beste Freunde, auch wenn wir uns nicht oft sehen.

5. _____   E Man kann über alles sprechen.

Wörter – Wörter – Wörter

12 Viel Gefühl

Kombiniere die Satzteile. Neun Sätze sind möglich. Schreib sie in dein Heft.

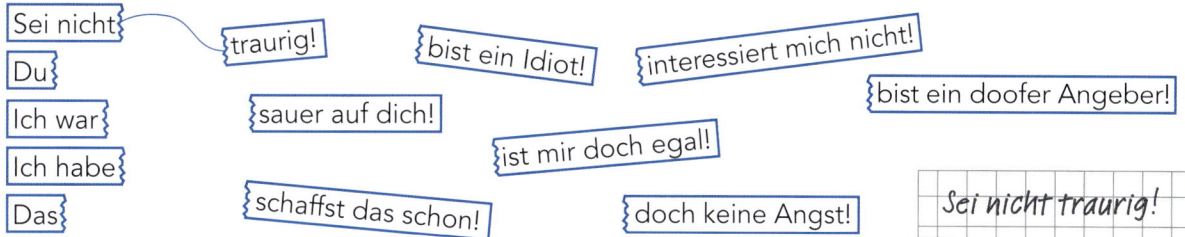

13 Wie ist das?

a Finde für jeden Wortigel mindestens fünf Adjektive.

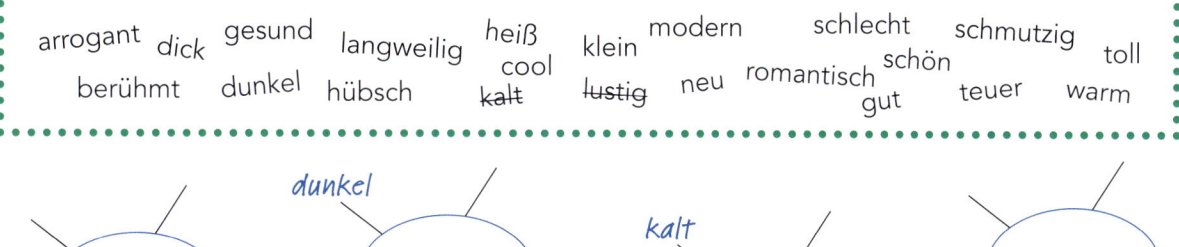

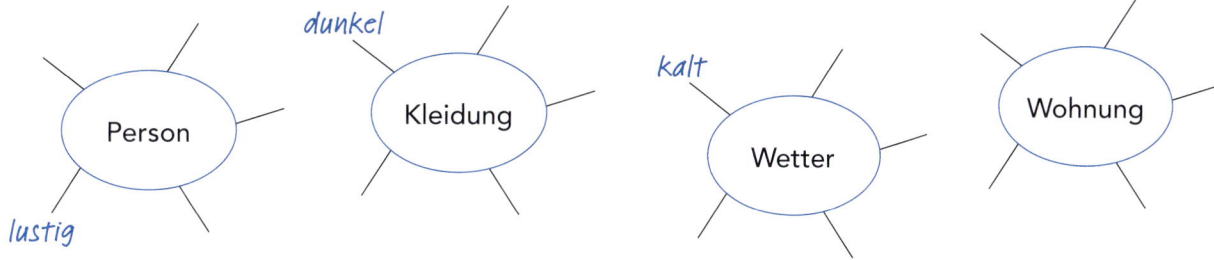

 b Schreib einen Satz mit möglichst vielen Wörtern aus den Satzigeln.

Dieser lustige Mann trägt eine dunkle Jacke, weil das Wetter heute kalt ist.

14 Tätigkeiten

Was passt zusammen? Verbinde.

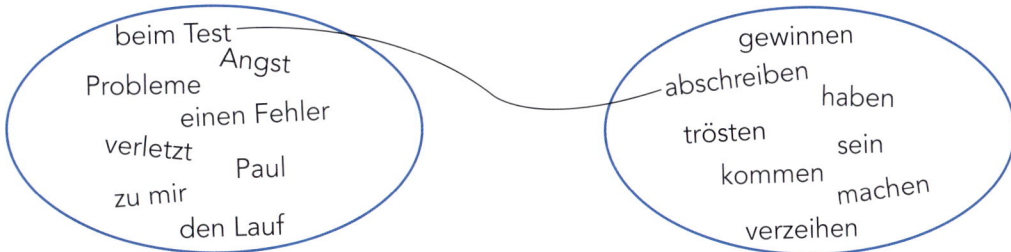

15 Meine Wörter

Welche Wörter, Ausdrücke oder Sätze sind für dich wichtig? Schreib auf.

8 Familienfeste

1 Ein Fest planen

Die Familie und die Verwandten. Ergänze.

> die Tante • die Großmutter • der Cousin • die Mutter • ~~der Großvater~~ • die Schwester

Die Großeltern: <u>der Großvater</u> (Opa) + _____ (Oma)

Die Eltern: <u>der Vater</u> (Papa) + _____ (Mama)

Die Geschwister: <u>der Bruder</u> + _____

Die Verwandten: <u>der Onkel</u> + _____

_____ + <u>die Cousine</u>

die Großeltern

2 Ein wichtiges Datum

a Wann? Schreib die Zahlen.

Am ...

1. <u>ersten</u>   2. _____   3. _____   4. _____

5. _____   6. _____   7. _____   8. <u>achten</u>

9. _____   10. _____   11. <u>elften</u>   12. _____

13. <u>dreizehnten</u>   14. _____   15. _____   16. _____

20. _____   21. _____   22. <u>zweiundzwanzigsten</u>   23. _____

30. _____   31. <u>einunddreißigsten</u>   ... Juni

b Schreib die Zahlen als Wörter. Achtung: Ist nach der Zahl ein Punkt?

Am (5.) <u>fünften</u> November hat Simon Geburtstag. Das ist in (4) _____

Tagen. Am Samstag, (2) _____ Tage später, feiert er eine Party. Also kommen am

(7.) _____ November viele Freunde zu Simon. Am (8.) _____ November

kommen seine Großeltern und seine Verwandten und sie feiern noch einmal seinen Geburtstag.

Heute, am (1.) _____ November, bekommen seine Freunde die Einladung.

c Welche Daten sind für dich wichtig? Schreib auf. Der Kasten hilft.

> Geburtstag haben • Lieblingsfeiertag sein •
> die Ferien beginnen • eine Party machen •
> ein Familienfest feiern • ...

Ich habe am dreißigsten Juli Geburtstag.
Mein Lieblingsfeiertag ist am vierund-
zwanzigsten Dezember.

3 Einladung

Schreib die Einladung mit den richtigen Wörtern in dein Heft. Nicht alle passen.

spät • um • ~~Lieber~~ • bitte • feiern • Juli • Sportfest • mitnehmen • Party • reservieren • oder

Lieber _____ Flo!

Am 17. ⭐ geht es los: Da ⭐ wir 5113 Tage Patrizia und Philippa. Es
gibt eine ⭐ am See. Treffpunkt beim Grillplatz, ⭐ 16.00 Uhr. Ende:
So ⭐ wie möglich! Bitte Schwimmsachen ⭐. Kommst du? Dann ruf
⭐ an.
Patti und Pippa

4 Danke für die Einladung

**a Du hast auch eine Einladung bekommen. Schreib eine
Antwort an Patti und Pippa in dein Heft. Bedanke
dich und sag zu oder ab. Aufgabe 4a im Kursbuch hilft.**

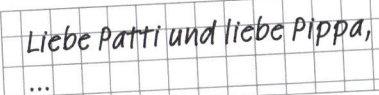

Liebe Patti und liebe Pippa,
...

b Du hörst drei Gespräche. Wähle für die Aufgaben 1 bis 3 die richtige Lösung A, B oder C.

1.34

1. Was wollen die Mädchen Patti zum Geburtstag schenken?

A    B    C

2. Was hat Sofie gestern bei der Party gegessen?

A    B    C

3. Wie ist Marius nach der Party nach Hause gekommen?

A    B    C

5 Party, Party!

a Eine Party planen. Was passt: *dem/der/den*? Ergänze die Lücken.

1. Pippa und Patti machen in *den* Ferien eine Party.   2. Sie feiern mit _____ Freunden

Geburtstag.   3. Sie kaufen vor _____ Party ein.   4. Sie fahren mit _____ Fahrrad zum Grillplatz.

5. Nach _____ Geburtstagskuchen sind alle satt.   6. Nach _____ Fest müssen sie aufräumen.

**b Schreib Sätze ins Heft. Achte auf das Artikelwort im Dativ. Verwende wo möglich
auch Kurzformen.**

1. du / zu / das Fest / kommen / ?
2. es / nach / die Schule / anfangen / .
3. das Fest / an / der See / sein / .
4. du / mit / das Rad / fahren / können / .
5. Silke / mit / der Bus / fahren / .
6. wir / in / der See / schwimmen / können / .
7. wir / fahren / zusammen / zu / die Party / .
8. ein Freund / Musik / machen / Fest / bei / .

1. Kommst du zu dem Fest?

6 Vor dem Fest

a Lies die Zusammenfassungen (1 und 2) und die Nachrichten (A–C). Was passt zusammen? Schreibe den richtigen Buchstaben (A–C) in die rechte Spalte. Du kannst jeden Buchstaben nur einmal wählen. Ein Buchstabe bleibt übrig.

0.	Onkel Martin möchte bei Opas Geburtstag helfen.	Z
1.	Nadja braucht Hilfe von ihrer Freundin.	
2.	Vanessa sagt die Einladung zu Opas 70. Geburtstag zu.	

Lieb…,
braucht ihr noch Hilfe für Opas Geburtstag? Ich kann noch Fotos von früher raussuchen und einen Kuchen backen. Kann ich noch etwas machen? Meldet euch!

Z

Lieb…,
am nächsten Samstag feiert meine Uroma Geburtstag. Wenn du auch kommst, freut sie sich – und ich auch. Bitte sag zu. Kannst du kommen?

B

Lieb…,
ich habe noch mein Projekt, aber das mache ich diese Woche fertig. Also kann ich bei Opas Geburtstag dabei sein. Wir kommen zu dritt: Papa, Uwe und ich. Was können wir mitbringen? Liebe Grüße

A

Hallo …,
Mama will, dass wir auf Uromas Geburtstag etwas machen. Schrecklich! Kannst du uns helfen? Du kannst doch super malen und hast tolle Ideen: Wollen wir alles zusammen dekorieren? Dann ist Mama sicher zufrieden. Bitte!

C

b Mach eine Tabelle im Heft und ordne die Sätze zu.

„Wann ist es endlich vorbei?!" • „Vielen Dank für das tolle Spiel!" • „Mensch, das ist total schön!" • „Wie nervig!" • „Ach, du bist so blöd!" • „Können wir bald gehen?" • „Danke für das schöne Geschenk!" • „Ich bin ja so froh!"

sich ärgern	sich freuen	sich bedanken	sich langweilen
			„Wann ist es endlich vorbei?!"

7 Der große Tag

Was ist falsch? Streich die falschen Verben durch und korrigiere.

1. Jannik, du gehst ins Bad und ~~kämmst~~ dich. _wäschst_

2. Nadja, du musst dich noch anziehen. _____

3. Jannik schminkt sich noch. _____

4. Nadja geht ins Bad und will sich langweilen. _____

5. Mama, du musst dich schön waschen. _____

8 Partnerspiel

a Chaos im Bad. Lies die Erzählung von Nadja und ergänze die Tabelle.

„Am Morgen ist bei uns immer Chaos im Bad. Zuerst wäscht sich Papa – er muss ganz früh zur Arbeit. Danach kommt Jannik, er wäscht sich seeeehr lang. Ich ärgere mich jeden Morgen, aber Mama auch! Sie schimpft und sagt: „Jetzt aber raus aus dem Bad, zieh dich endlich an! Wir müssen uns auch waschen. Warum wascht ihr euch immer so lange!!!". Dann bin ich endlich dran! Ich schminke mich auch, wenn ich Zeit habe. Mama will immer schnell fertig sein. Manchmal schafft sie es vor mir ins Bad ☺. Wir freuen uns, wenn wir pünktlich aus dem Haus gehen."

ich	wasche	mich
du	wäschst	
er/es/sie	wäscht	
wir	waschen	
ihr	wascht	
sie/Sie	waschen	

b Ergänze die reflexiven Verben in der passenden Form.

1. Jannik und sein Vater _____ morgens sehr lang. (sich waschen)   2. Nadja _____, wenn sie warten muss. (sich ärgern)   3. Mama sagt zu Jannik: „_____ endlich _____!" (sich anziehen)   4. Ich _____ in meinem Zimmer _____. (sich anziehen)   5. Papa sagt zu Mama: „Du _____ immer so lang!" (sich schminken)   6. Wir _____, wenn wir pünktlich aus dem Haus gehen können. (sich freuen)

9 Was haben die drei gemacht?

Alles schon gemacht! Antworte im Perfekt.

1. Kämm dich!   _Ich habe mich schon gekämmt._   4. Zieht euch an! _____

2. Föhn dich!   _____   5. Schminkst du dich nicht? _____

3. Wascht euch!   _____

10 Alles Gute, Oma!

Was sagt man wann? Ordne zu. Schreibe auch in deiner Sprache.

Frohes neues Jahr!   Alles Gute!   Gute Besserung!   Ich gratuliere!

	Deutsch	deine Sprache
1. Jemand hat Geburtstag.	_____	_____
2. Jemand ist krank.	_____	_____
3. Es ist der 1. Januar.	_____	_____
4. Jemand hat eine Prüfung geschafft.	_____	_____

11 Schwaches e und schwaches a

a Schwaches e: Hör zu und sprich nach.

1.35

Verwandte   Tante   Cousine   Söhne   Leute

b Schwaches a: Hör zu und sprich nach.

1.36

Vater   Mutter   Schwester   Bruder   Geschwister   Tochter   Kinder

12 Lecker? Lecker!

a Restaurant, Café oder Imbissbude? Wo isst und trinkt man was? Schreib Sätze ins Heft.

> Apfelkuchen • Pizza • Bratwurst mit Pommes • Braten mit Kartoffeln • Fisch mit Gemüse • Eis • Kaffee • Hamburger • Hähnchen mit Reis • Kakao

Pizza gibt es in der Imbissbude.

b Was passt nicht? Streich durch.

1. Kakao – Tee – ~~Salz~~ – Milch – Kaffee

2. Butter – Eis – Wurst – Käse – Marmelade

3. Kuchen – Torte – Schokolade – Braten – Eis

4. Hamburger – Hähnchen – Nudeln – Limonade – Würstchen

c Wir haben eingekauft. Was ist in den Taschen? Schreib mit Artikel.

> Eier • Fleisch • Käse • ~~Mehl~~ • Salat • Salz • Butter • Gemüse • Tomatensoße • Wurst • Zucker • Kartoffeln • Schokolade • Mehl

1

das Mehl, _____

_____

_____

2

_____

_____

_____

3

_____

_____

_____

13 Mal so, mal so!

Was essen und trinken Susanne und Peter? Schreib in dein Heft.

	morgens	vormittags	mittags	zwischen-durch	abends	nachts
Susanne, 15 Jahre						–
Peter, 16 Jahre		–				

Peter isst morgens ein Brötchen mit Butter und Marmelade. Dazu trinkt er Milch.

Wörter – Wörter – Wörter

14 Die lieben Verwandten

Wie viele Verwandte findest du? Schreib sie mit Artikel und Pluralform auf.

KLA<mark>MUTTER</mark>ROMASTÜBRUDERHREZCOUSINELTANTEYSCHWESTERGELOPATVATER

die Mutter, die Mütter

15 Wichtige Daten

Wann ist das? Schreib die Zahlen und die Monatsnamen. Der Kasten hilft dir.

31.12.
03.10.
24.12. ~~24.12.~~
01.05.
01.01.

In Deutschland gibt es viele Feiertage. Für die meisten ist der wichtigste Feiertag Weihnachten, das ist am *vierundzwanzigsten* *Dezember*. Kurz danach kommen schon Silvester und Neujahr, am _____ _____ und am _____ _____. Karneval und Ostern sind jedes Jahr an anderen Tagen, aber den „Tag der deutschen Einheit" feiert man in Deutschland immer am _____ _____. Ein internationaler Feiertag ist der „Tag der Arbeit" am _____ _____.

16 Reflexive Verben

a Wie heißen die Verben? Schreib neben die Bilder.

 sich freuen   _____   _____   _____   _____

b Schreib mit jedem Verb einen Satz in dein Heft.

Wir freuen uns, wenn Oma Braten mit Kartoffeln kocht.

17 Lebensmittel-Rätsel

Was passt zusammen? Schreib die Wörter richtig in die Tabelle.

~~Toma~~ | nade | Ge | Bra | fee | Co | Ba | chen | Kar | Limo | ten
Ka | la | te | Sa | Kaf | lat | toffel | kao | Hähn | müse | nane

Getränke	Essen
	die Tomate, …

18 Meine Wörter

Welche Wörter, Ausdrücke oder Sätze sind für dich wichtig? Schreib auf.

1 Sprechtraining: Gemeinsam etwas planen

a Du möchtest dich mit einem Freund / einer Freundin treffen und mit ihm/ihr etwas unternehmen. Was kannst du alleine (a) entscheiden, was müsst ihr zusammen (z) entscheiden? Arbeitet zu zweit und ordnet zu.

was machen? _z_ • wann treffen? ___ • wem Bescheid sagen? • was anziehen? ___ •

wie viel Taschengeld mitnehmen? ___ • wie hinfahren? ___ • wo treffen? ___ •

wann zu Hause losfahren? ___

b Du möchtest deinem Freund / deiner Freundin einen Vorschlag machen. Was kannst du sagen? Kreuze an. Nicht alle Sätze sind Vorschläge.

- [x] 1. Wollen wir am Samstag zusammen klettern gehen?
- [ ] 2. Ich habe Lust, am Freitag ins Kino zu gehen.
- [ ] 3. Wollen wir uns um 10 Uhr treffen?
- [ ] 4. Möchtest du mit mir zu Leons Party gehen?
- [ ] 5. Wollen wir mit dem Fahrrad fahren?
- [ ] 6. Wir können uns am Bahnhof treffen.
- [ ] 7. Ich fahre nicht gerne mit dem Bus.
- [ ] 8. Nehmen wir unsere Sportsachen mit? Was meinst du?
- [ ] 9. Wir wollen uns jeden Samstag treffen.
- [ ] 10. Wir können auch zum Volleyball gehen, wenn du nicht gern Basketball spielst.
- [ ] 11. Um 16 Uhr vor der Sporthalle?
- [ ] 12. Schade, ich habe keine Zeit.

c Zustimmen oder ablehnen? Arbeitet zu zweit. Ordnet die Aussagen in die Tabelle.

Gute Idee! • Auf keinen Fall! • Das finde ich nicht so interessant. • Keine Lust.
Ich finde … besser. • Oh ja, das machen wir. • Wie langweilig! • Das finde ich nicht so toll. •
Nein, das geht nicht. • Da habe ich keine Zeit. • Ja, das geht. • Am … / Um … Uhr kann
ich nicht. • Am … ?/ … Uhr? Ja, da habe ich Zeit. • Nein, wir nehmen lieber … • Das brauchen
wir nicht. • Das ist gut. • Ja, das müssen wir unbedingt mitnehmen.

👍	👎
Gute Idee!	

d Ihr habt Ferien und wollt am Wochenende gemeinsam etwas unternehmen. Im Internet habt ihr folgende Angebote gefunden. Sprecht über alle Themen. Einigt euch.

Was machen?

 Zirkuscamp?  Volleyball?  Kunstcamp?

Treffen: Wann? Wo?

Tag?  Uhrzeit?  Ort?

Wie fahren?

mit dem Bus?  mit der U-Bahn?  mit dem Fahrrad?

Was mitnehmen?

Essen und Getränke?  Sportschuhe?   Stifte und Papier?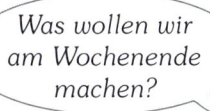

> *Was wollen wir am Wochenende machen?*

> *Wir können …*

> *Was schlägt dein Partner vor? Hör gut zu und antworte in ganzen Sätzen. Mach selber auch Vorschläge.*

2 Sprachmittlung: Einen Star vorstellen

a Wer ist dein Lieblingsstar? Such zu Hause Texte und Videos in deiner Sprache und bring sie mit. Was weißt du über den Star? Erzähl in der Klasse auf Deutsch.

> *Du musst nicht jedes Wort und jeden Satz übersetzen.*

> *Ich habe diesen Artikel über Kanye West gefunden. Hier steht: …*

> *Benutze deine eigenen Wörter.*

b Hör die Berichte von deinen Mitschülern an. Stell anschließend Fragen auf Deutsch. Wer kann zu seinem Star die meisten Fragen richtig beantworten?

> *Wen hat West 2014 geheiratet?*

> *Kim Kardashian!*

Kapitel 1   Seite 6

segeln _____

das Camping (Sg.) _____

grillen _____

surfen _____

Seite 7

angeln _____

   (Ich habe einen Fisch geangelt.)

1 Meter 50 (1,50 m) _____

der Wolf, Wölfe _____

retten _____

Hawaii _____

joggen _____

Seite 8

die Hilfe, -n _____

weinen _____

was für ein, was für eine _____

   (Was für ein Schreck!)

der Schreck (Sg.) _____

verletzt _____

   (Der Wolf war verletzt.)

die Falle, -n _____

schwach, schwächer, _____

   am schwächsten

holen _____

die Polizei (Sg.) _____

die Feuerwehr, -en _____

die Tierklinik, -en _____

der Wildpark, -s _____

dort|bleiben _____

dortgeblieben → dortbleiben _____

   (Wir sind bis spät dortgeblieben.)

nächster, nächste _____

der Norden (Sg.) _____

der Süden (Sg.) _____

der Westen (Sg.) _____

der Osten (Sg.) _____

Seite 9

die Pyramide, -n _____

bauen (Sie bauen eine Pyramide.) _____

die Ordnung (Sg.) _____

der Feriengruß, Feriengrüße _____

der Brief, -e _____

der Absender, - _____

der Briefumschlag, _____

   Briefumschläge

die Postleitzahl, -en _____

das Zirkuscamp, -s _____

regnen _____

schicken _____

die Akrobatik (Sg.) _____

das Souvenir, -s _____

die Clownsnase, -n _____

extra _____

so (Das ist so schön!) _____

Seite 10

wahrscheinlich _____

die Burg, -en _____

schwer _____

würfeln _____

Kapitel 2   Seite 12

der Schultag, -e _____

   (Gestern war ihr erster Schultag.)

der Nintendo, -s _____

   (Jannik hat Nintendo gespielt.)

Seite 13

die Schultüte, -n _____

nerven (Das hat total genervt!) _____

die Klamotten (Pl.) _____

die **Geschichte**, -n _____

(Der Opa erzählt eine Geschichte.)

reden _____

Seite 14

die Projekttag, -e _____

das **Programm**, -e _____

(Ich nehme am Programm teil.)

der Beginn (Sg.) _____

teil I **nehmen** _____

teilgenommen → teilnehmen _____

das **Zeugnis**, -se _____

die **Radtour**, -en _____

der Radstar, -s _____

der Profi, -s _____

sicher _____

(sicher fahren auf der Straße)

die **Pause**, -n _____

verschieden _____

(viele verschiedene Tiere)

finden _____

gefunden → finden _____

(Sie hat einen Wolf gefunden.)

das **Instrument**, -e _____

die Figur, -en _____

der Stein, -e _____

der **Ausflug**, Ausflüge _____

der **Fluss**, Flüsse _____

das Sportprogramm, -e _____

klasse (eine klasse Idee) _____

besonders _____

(Das gefällt mir besonders gut.)

das Produkt, -e _____

die Umfrage, -n _____

die **Arbeit**, -en _____

am besten _____

Seite 15

die Projektgruppe, -n _____

berichten _____

berichtet → berichten _____

die **Bäckerei**, -en _____

die Sorte, -n _____

das Schwarzbrot, -e _____

das Weißbrot, -e _____

die Brezel _____

backen _____

einfach _____

werfen _____

geworfen → werfen _____

die **Note**, -n _____

Seite 16

deutlich _____

ja (Das ist ja ein Chaos!) _____

das **Chaos** (Sg.) _____

jemand _____

der **Schlüssel**, - _____

der **Ohrring**, -e _____

der **Farbstift**, -e _____

verlieren _____

verloren → verlieren _____

(Ich habe meinen Schlüssel verloren.)

Kapitel 3   Seite 18

der **Streit**, -s _____

besorgt _____

der Ärger *(Sg.)* _____

das **Diktat**, -e _____

deprimiert _____

streiten (sich) _____

gestritten → streiten _____

schwierig ↔ einfach _____

das Smartphone _____

Seite 19

leiden können _____

   (Ich kann ihn nicht leiden.)

egoistisch _____

egal _____

dagegen _____

tun _____

getan → tun _____

über _____

   (Sprich mit Pia über das Problem.)

der Mädchentag, -e _____

kennen|lernen _____

kennengelernt → kennenlernen _____

zufällig _____

der Ratschlag, Ratschläge _____

Seite 20

versprechen _____

versprochen → versprechen _____

plötzlich _____

weg|laufen _____

untrennbar ↔ trennbar _____

verabreden (sich) _____

verabredet → verabreden _____

an|sprechen _____

angesprochen → ansprechen _____

Seite 21

der Jungentag, -e _____

das Straßenfest, -e _____

der **Flohmarkt**, Flohmärkte _____

das **Quiz** *(Sg.)* _____

ab *(+ Dativ)* _____

der Krieg, -e _____

der Planet, -en _____

das Aquarium, Aquarien _____

füttern _____

kostenlos _____

täglich _____

geöffnet _____

präsentieren _____

vor|schlagen _____

schwitzen _____

das **Basketball** *(Sg.)* _____

wenn _____

das **Geld** *(Sg.)* _____

verabredet sein _____

   (Ich bin schon verabredet.)

Seite 22

unterwegs _____

die Reaktion, -en _____

die Bühne, -n _____

vorbei _____

   (Das Fest ist schon vorbei!)

dringend _____

   (Ich muss dringend auf Toilette.)

Kapitel 4   Seite 24

die **Straßenbahn**, -en _____

der Platten, - _____
(Das Fahrrad hat einen Platten.)

der **Unfall**, Unfälle _____

kaputt _____

der Busfahrer, - _____

die Bauchschmerzen *(Pl.)* _____

der **Fahrplan**, Fahrpläne _____

weit _____

Seite 25

der Wecker, - _____

klingeln _____

die Ausrede, -n _____

die Wirklichkeit *(Sg.)* _____

baden _____

zuletzt _____

die Grillwurst, Grillwürste _____

der Nachbarhund, -e _____

die **Mitternacht** *(Sg.)* _____

wach _____

verbieten _____

verboten → verbieten _____
(Die Eltern haben es verboten.)

Seite 26

das Passwort, Passwörter _____

anschließend _____

ein|geben _____

eingegeben → eingeben _____

öffnen _____

das Mailprogramm, -e _____

die Mailbox, -en _____

die **Nachricht**, -en _____

beantworten _____

beantwortet → beantworten _____

der Posteingang, Posteingänge _____

klicken _____

senden _____

Seite 27

das **Programm**, -e _____

an|klicken _____

angeklickt → anklicken _____

ab|schicken _____

die Webseite, -n _____

tippen _____

die Box, -en _____

an|schalten _____

aus|wählen _____

der Browser, - _____

die Erklärung, -en _____

das Thema, Themen _____

Seite 28

besonder- _____
(Heute war ein besonderer Tag.)

schneien _____

fröhlich ↔ traurig _____

monoton ↔ spannend _____

rockig _____

ruhig _____

fühlen (sich) _____

die **Sorge,** -n _____

schweigen _____

geschwiegen → schweigen _____

los|lassen _____

die **Welt** *(Sg.)* _____

das Bandmitglied, -er _____

Kapitel 5   Seite 36

der **Ski**, -   _____

(Im Winter fahren wir Ski.)

das Kanufahren *(Sg.)*   _____

das Kanu, -s   _____

der Fußballfan, -s   _____

der Sportfan, -s   _____

die Eigenschaft, -en   _____

fair   _____

Seite 37

der Kommentar, -e   _____

gegen   _____

die Slovakei   _____

schießen   _____

geschossen → schießen   _____

das Tor, -e   _____

(Ich habe ein Tor geschossen.)

weil   _____

das Gästebuch, Gästebücher   _____

der Riesenfan, -s   _____

das Gold *(Sg.)*   _____

Olympia   _____

das Rennen, -   _____

der Skiclub, -s   _____

das Autogramm, -e   _____

so *(Mach weiter so!)*   _____

der Autor, -en   _____

die Autorin, -nen   _____

schaffen   _____

geschafft → schaffen   _____

der Trainer, -   _____

die Trainerin, -nen   _____

ziemlich   _____

der Angeber, -   _____

die Angeberin, -nen   _____

das Interview, -s   _____

verdienen   _____

verdient → verdienen   _____

der Wettkampf, Wettkämpfe   _____

arrogant   _____

bekannt   _____

berühmt   _____

witzig   _____

beliebt   _____

Seite 38

turnen   _____

der Verein, -e   _____

anstrengend   _____

(Das Training war anstrengend.)

peinlich   _____

treffen *(Kolja trifft oft das Tor.)*   _____

getroffen → treffen   _____

das Training, -s   _____

als   _____

(Das Training macht mehr Spaß als Sportunterricht.)

der Schulsport *(Sg.)*   _____

spannend   _____

das Skateboardfahren *(Sg.)*   _____

der **Vergleich**, -e   _____

reich   _____

stark, stärker, am stärksten   _____

dick ↔ **dünn**   _____

Seite 39

das Team, -s   _____

der Treffpunkt, -e   _____

verstecken   _____

versteckt → verstecken   _____

der Paps *(Sg.)* *(= Papa)*   _____

der Spielbeginn *(Sg.)*   _____

melden (sich) _____

der Körper, - _____

die **Seite**, -n _____

der Tanz, Tänze _____

der Kopfball, Kopfbälle _____

das **Pferd**, -e _____

Seite 40

der Rekord, -e _____

der Segelfisch, -e _____

der Delfin, -e _____

der Gepard, -e _____

die Schildkröte, -n _____

springen _____

hoch, höher, am höchsten _____

aktiv _____

fit _____

faul _____

rechnen _____

schauen _____

(Warum schaust du so dumm?)

Kapitel 6   Seite 42

der **Anzug**, Anzüge _____

der Badeanzug, Badeanzüge _____

der **Bikini**, -s _____

der Rock, Röcke _____

(Nadja trägt einen Rock.)

der Strumpf, Strümpfe _____

die Strumpfhose, -n _____

die Socke, -n _____

lila *(lila Ohrringe)* _____

orange _____

rosa _____

der Hörtext, -e _____

vorne _____

die **Mitte** *(Sg.)* _____

hinten _____

Seite 43

stehen *(Die Hose steht mir.)* _____

bestimmt _____

(Das steht dir bestimmt gut.)

an|probieren _____

eigentlich _____

gehören *(Diese Jacke gehört mir.)* _____

das **Hemd**, -en _____

das Kleidungsstück , -e _____

mischen _____

legen _____

verdeckt _____

auf|decken _____

bilden _____

behalten _____

um|drehen _____

der/die Nächste , -n _____

Seite 44

shoppen _____

die Mütze, -n _____

die Kapuzenjacke, -n _____

die Sporthose, -n _____

der Stiefel, - _____

das Top, -s _____

der Turnschuh, -e _____

vorher _____

das Sportfest, -e _____

das Familienfest, -e _____

passend _____

uncool _____

der Partnerlook *(Sg.)* _____

Seite 45

eng   _____

die **Größe**, -n   _____

die Kabine, -n   _____

die Umkleidekabine, -n   _____

die **Verkäuferin**, -nen   _____

der Pulli, -s   _____

Indien   _____

die **Mode** (Sg.)   _____

durchschnittlich   _____

die Kinderarbeit (Sg.)   _____

verboten   _____

    (Kinderarbeit ist verboten.)

maximal   _____

ca. (= circa)   _____

unter   _____

    (Kinder unter 14 Jahren arbeiten in Indien.)

der Kontakt, -e   _____

so   _____

    (So können wir hier billige Sachen kaufen.)

babysitten   _____

Seite 46

freuen (sich)   _____

verkaufen   _____

der **Verkäufer** , -   _____

Modenschau, -en   _____

die Hundeshow , -s   _____

die Pfütze , -n   _____

schockiert   _____

fangen   _____

der Regenschirm , -e   _____

schmutzig   _____

der Wettbewerb , -e   _____

Kapitel 7   Seite 48

die Freundschaft, -en   _____

trösten   _____

interessieren   _____

die Chance, -n   _____

Kleiner (Kleiner, hast du Angst?)   _____

Seite 49

der Lauf , Läufe   _____

los | laufen   _____

begeistert   _____

die Kurve, -n   _____

die Absperrung, -en   _____

der **Typ**, -en   _____

sensibel   _____

optimistisch ↔ **pessimistisch**   _____

schüchtern   _____

schrecklich   _____

Seite 50

der Täter, -   _____

ärgern (sich)   _____

der **Idiot**, -en   _____

der Lateintest, -s   _____

ab | schreiben   _____

verlieren   _____

    (Miriam verliert beim Computerspielen.)

Seite 51

nachher   _____

die **Viertelstunde**, -n   _____

versuchen   _____

Seite 52

der Entschuldigungsbrief , -e   _____

die **Garage** , -n   _____

superblöd   _____

wieder|gut|machen _____

   (Ich mache den Fehler wieder gut.)

vermeiden _____

trotzdem _____

riesig _____

böse _____

verzeihen _____

Kapitel 8   Seite 54

planen _____

das Sommerfest, -e _____

reservieren _____

bestellen _____

der Termin, -e _____

klären _____

die Tischdekoration, -en _____

der **Cousin**, -s _____

die **Cousine**, -n _____

die Liste, -n _____

das **Datum**, Daten *16. Mai 2019* _____

Seite 55

sollen _____

das **Gasthaus**, Gasthäuser _____

das Geburtstagsfest, -e _____

kaum _____

geboren _____

   (Wann bist du geboren?)

bestimmt *(Ich komme bestimmt.)* _____

der Link, -s _____

Seite 56

nervig _____

komisch _____

vor|bereiten _____

langweilen (sich) _____

bedanken (sich) _____

mit|feiern _____

kämmen (sich) _____

schön|machen (sich) _____

die Uroma, -s _____

der Uropa, s _____

föhnen (sich) _____

schminken (sich) _____

Seite 57

morgens _____

abends _____

der **Sohn**, Söhne _____

der **Enkel**, - _____

die **Enkelin**, -nen _____

Seite 58

der **Braten**, - _____

die **Soße**, -n _____

die **Nudel**, -n _____

der Pfeffer *(Sg.)* _____

das **Müsli**, -s _____

der **Quark** *(Sg.)* _____

der/das **Joghurt**, -s _____

das **Hähnchen**, - _____

der **Reis** *(Sg.)* _____

die **Bratwurst**, Bratwürste _____

die **Limonade**, -n _____

die Nachspeise, -n _____

das Wurstbrot, -e _____

vormittags _____

mittags _____

nachmittags _____

zwischendurch _____

die Speisekarte, -n _____

die Begrüßung , -en _____

die Sahne *(Sg.)* _____

Thematische Wortgruppen

Lebensmittel

die Beere
der Braten
die Bratwurst
die Brezel
die Chips
der Christstollen
das Fast Food
die Grillwurst
das Gummibärchen
das Hähnchen
der Himbeersaft
der/das Joghurt

die Karotte
der Keks
der Lebkuchen
die Limonade
die Mandelfüllung
das Müsli
die Nachspeise
die Nudel
der Pfeffer
das Popcorn
der Quark
der Reis

das Roggenbrötchen
die Sahne
der Schokoriegel
das Schwarzbrot
der Snack
die Soße
die Süßigkeit
der Wein
das Weißbrot
das Wurstbrot
die Zwiebel

Berufe

der Architekt
der Astronaut
der Automechaniker
der Banker
der Beamte
der Busfahrer
der Chef
der Elektriker
der Friseur

der Handwerker
der Informatiker
der Ingenieur
der Journalist
die Krankenschwester
der Mechaniker
der Moderator
der Pilot
der Psychologe

der Schauspieler
der Schriftsteller
der Sportlehrer
der Student
der Tänzer
der Tierarzt
der Trainer
der Verkäufer

Elektronik

der Akku
die App
der Browser
der CD-Player
chatten
der Chatroom
die E-Mail
die E-Mail-Adresse
der Fernseher
der Flatscreen
das Gigabyte
das Guthaben

die Handykarte
der Lautsprecher
der Link
die Mailbox
das Mailprogramm
die Medien
das Mikrofon
der MP3-Player
die Nachricht
der Nintendo
das Passwort
die PIN

die Platte
der Plattenspieler
der Player
die Playstation
der Posteingang
der Receiver
das Smartphone
das soziale Netzwerk
das Tablet
tippen
die Webseite

Medizin

die Arztpraxis
die Bauchschmerzen
erkältet
das Fieber
gebrochen
die Grippe
der Hausarzt
die Hausärztin
die Krankenschwester
die Krankheit

das Medikament
die Medizin
der Muskelkater
der Notruf
die Notrufzentrale
die Operation
das Pflaster
die Praxis
die Salbe
die Schmerztablette

die Sprechstunde
die Spritze
die Tablette
der Unfall
der Verband
die Verletzung
die Versichertenkarte
das Wartezimmer
die Zahnspange

Unregelmäßige Verben

abschreiben	er schreibt ab	er hat abgeschrieben
anprobieren	er probiert an	er hat anprobiert
ansprechen	er spricht an	er hat angesprochen
aufbleiben	er bleibt auf	er ist aufgeblieben
auffallen	er fällt auf	er ist aufgefallen
aufnehmen	er nimmt auf	er hat aufgenommen
aufschreiben	er schreibt auf	er hat aufgeschrieben
ausdenken	er denkt aus	er hat ausgedacht
ausgeben	er gibt aus	er hat ausgegeben
ausgehen	er geht aus	er ist ausgegangen
ausschlafen	er schläft aus	er hat ausgeschlafen
aussehen	er sieht aus	er hat ausgesehen
ausweisen	er weist aus	er hat ausgewiesen
behalten	er behält	er hat behalten
beschließen	er beschließt	er hat beschlossen
betreten	er betritt	er hat betreten
bieten	er bietet	er hat geboten
dortbleiben	er bleibt dort	er ist dortgeblieben
eingeben	er gibt ein	er hat eingegeben
einschlafen	er schläft ein	er ist eingeschlafen
fallen	er fällt	er ist gefallen
fangen	er fängt	er hat gefangen
finden	er findet	er hat gefunden
hängen	er hängt	er hat gehangen
herumlaufen	er läuft herum	er ist herumgelaufen
leihen	er leiht	er hat geliehen
liegen	er liegt	er hat gelegen
loslassen	er lässt los	er hat losgelassen
loslaufen	er läuft los	er ist losgelaufen
mitfahren	er fährt mit	er ist mitgefahren
mitgehen	er geht mit	er ist mitgegangen
runterlaufen	er läuft runter	er ist runtergelaufen
scheinen	er scheint	er hat geschienen
schießen	er schießt	er hat geschossen
schneiden	er schneidet	er hat geschnitten
schweigen	er schweigt	er hat geschwiegen
spinnen	er spinnt	er hat gesponnen
springen	er springt	er ist gesprungen
stehenbleiben	er bleibt stehen	er ist stehengeblieben
stehlen	er stiehlt	er hat gestohlen
streiten	er streitet	er hat gestritten
teilnehmen	er nimmt teil	er hat teilgenommen
tragen	er trägt	er hat getragen
treffen	er trifft	er hat getroffen
tun	er tut	er hat getan
unterschreiben	er unterschreibt	er hat unterschrieben
verbieten	er verbietet	er hat verboten
verlieren	er verliert	er hat verloren
vermeiden	er vermeidet	er hat vermieden
versprechen	er verspricht	er hat versprochen
verzeihen	er verzeiht	er hat verziehen
vorschlagen	er schlägt vor	er hat vorgeschlagen
weglaufen	er läuft weg	er ist weggelaufen
werfen	er wirft	er hat geworfen
wiedergutmachen	er macht wieder gut	er hat wieder gut gemacht
zurückgeben	er gibt zurück	er hat zurückgegeben
zurückgehen	er geht zurück	er ist zurückgegangen
zurückkommen	er kommt zurück	er ist zurückgekommen

Deutsch im Unterricht

 Hör …

 Ergänze …

_____ ist meine Freundin.

 Lies …

Ich komme … Kreuze an.

☒ aus
☐ in
… Spanien.

 Schreib … / Notiere …

 Wie heißt du? Unterstreiche.

 … im/ins Heft.

 … an der/die Tafel.

Frankreich Verbinde.
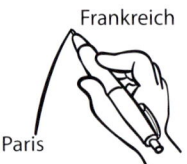
Paris

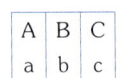 … in der/die Tabelle.

 Ordne zu.

 Sprecht …

 Mal an.

 … zu zweit

 … in Gruppen

 … in der Klasse

  Der Kasten hilft.

Quellenverzeichnis

S. 4   Dieter Mayr
S. 8   1 Schokolade: Sabine Franke
        2 a.k. – fotolia.com
        3 jonnysek – fotolia.com
S. 13   Paul Rusch
S. 16   Niko Kachel
S. 22   Alexander Zamaraev – fotolia.com
        Isaak – shutterstock.com
S. 24   shutterstock.com
S. 25   Peter Galbraith – fotolia.com
S. 26   Monkey Business – fotolia.com
        Klett-Langenscheidt Archiv
S. 30   Alexander Hassenstein – Getty
S. 31   Tom Pennington – Getty

S. 49   Dolly – shutterstock.com
S. 55   1 Marina Lohrbach – fotolia.com
        2 vallejo123 – fotolia.com
        3 pressmaster – fotolia.com
        4 Jamrooferpix – fotolia.com
        5 booleen – fotolia.com
        6 Petra Beerhalter – fotolia.com
        7 Alexander Zamaraev – fotolia.com
        8 Isaak – shutterstock.com
        9 Kara – fotolia.com
        10 HandmadePictures – fotolia.com
        11 fotoart89 – fotolia.com
        12 Bettina Melchers

Notizen

Notizen

Notizen

Notizen

Notizen